古都穿越指南

Published by arrangement with Thames & Hudson Ltd , London ,
Text copyright ©2010 Charles FitzRoy
Layout and series concept copyright ©2010 Thames & Hudson Ltd , London
This edition first published in China in 2023 by SDX Joint Publishing Company , Beijing
Chinese edition ©2023 SDX Joint Publishing Company

文艺复兴佛罗伦萨穿越指南

[英]查尔斯·菲茨罗伊 著

陈晓兵 译

生活·讀書·新知 三联书店

Simplified Chinese Copyright © 2023 by SDX Joint Publishing Company.
All Rights Reserved.
本作品中文简体版权由生活·读书·新知三联书店所有。
未经许可，不得翻印。

图书在版编目（CIP）数据

文艺复兴佛罗伦萨穿越指南／（英）查尔斯·菲茨罗伊著；陈晓兵译 . —北京：生活·读书·新知三联书店，2023.4
（古都穿越指南）
ISBN 978-7-108-07495-9

Ⅰ.①文…　Ⅱ.①查…②陈…　Ⅲ.①佛罗伦萨-中世纪史　Ⅳ.①K546.9

中国版本图书馆 CIP 数据核字（2022）第 167961 号

责任编辑	李　佳
装帧设计	刘　洋
责任校对	陈　明
责任印制	李思佳

出版发行　生活·讀書·新知 三联书店
　　　　　（北京市东城区美术馆东街 22 号 100010）
网　　址　www.sdxjpc.com
图　　字　01-2019-5186
经　　销　新华书店
印　　刷　三河市天润建兴印务有限公司
版　　次　2023 年 4 月北京第 1 版
　　　　　2023 年 4 月北京第 1 次印刷
开　　本　880 毫米×1230 毫米　1/32　印张 6.5
字　　数　114 千字　图 88 幅
印　　数　0,001-3,000 册
定　　价　69.00 元

（印装查询：01064002715；邮购查询：01084010542）

如今的佛罗伦萨是欧洲最为文明、文化和艺术最为丰富的城市，这很大程度上归功于其发达的银行系统

目录
CONTENTS

一 准备一场美丽的文艺邂逅 / 1
佛罗伦萨概览 & 托斯卡纳方言 & 抵达

二 佛罗伦萨人的家庭生活 / 9
恋爱 & 婚礼 & 生儿育女 & 葬礼 & 奴仆 & 医药

三 与佛罗伦萨人同行 / 26
身处何处 & 浮生一日 & 市集商铺 & 公开场合的女性 & 交际花 & 教育 & 禁忌之恋 & 司法机构 & 智慧与诙谐

四 政治家、画家、哲学家和雇佣兵 / 47
佛罗伦萨政制 & 美第奇家族 & 帕齐阴谋 & 寻访佛罗伦萨名人 & 雇佣兵与战争的艺术

五 必游胜地 / 62
佛罗伦萨大教堂 & 钟楼和洗礼堂 & 领主广场 & 圣弥额尔教堂 & 斯特罗齐宫与圣三一教堂 & 新圣母玛利亚教堂 & 美第奇宫 & 圣洛伦佐教堂 & 圣马可修道院 & 圣十字教堂和帕齐礼拜堂 & 维琪奥桥 & 布兰卡契小堂、圣灵教堂与皮蒂宫

六 行会、贸易与税收 / 90
行业协会 & 羊毛织造业 & 商人银行的艺术 & 弗罗林 & 报酬 & 市场变迁 & 税收与投资

七 宗教生活 / 106
平日一角 & 小礼拜堂 & 兄弟会 & 苦修士 & 佛罗伦萨人矛盾的宗教观 & 丑闻 & 萨伏那洛拉 & 迷信与巫术

八 庆典节日与竞技活动 / 121
狂欢节 & 施洗圣约翰节 & 其他节日 & 戏剧 & 骑士比武与竞技锦标赛 & 处决仪式

九 佛罗伦萨周边游 / 134
菲耶索莱 & 美第奇别墅 & 城市与乡村

十 环游托斯卡纳 / 143
阿雷佐 & 科尔托纳 & 普拉托 & 卢卡 & 比萨 & 圣吉米那诺 & 锡耶纳 & 皮恩扎

佛罗伦萨城区图 / 180

作者手记 / 183

参考资料 / 185

一 准备一场美丽的文艺邂逅

佛罗伦萨概览&托斯卡纳方言&抵达

> 时值 1490 年,这座世间最美丽的城市空前富饶、强盛,她以卓越的艺术和建筑成就蜚声海外,处处都洋溢着健康与安定的喜悦。
> ——基尔兰达约(Ghirlandaio)创作的壁画《天使向撒迦利亚显像》(*The Angel Appearing to Zacharias*)所载铭文,位于佛罗伦萨新圣母玛利亚教堂(Santa Maria Novella)

有太多理由值得穿越至遥远的 1490 年,与文艺复兴时代的托斯卡纳相遇。你若是从事商业贸易的行家里手,可能正在前往佛罗伦萨或卢卡布料市场的路上。而若身为父母,可能正为子女的未来前程做着规划,考虑是把他们送到佛罗伦萨、阿雷佐那些知名人文主义者的门下,还是选择在比萨、锡耶纳的大学深造。虔诚的朝圣者则会踏上纵贯圣吉米那诺(San Gimignano)、锡耶纳的法兰契杰纳大道,风雨无阻地前往罗马朝圣,沿途或许还会慕名寻访圣母显像神迹的发生地普拉托(Prato)和科尔托纳(Cortona),那里为朝圣者们专门建造了接待教堂。如果你只是希望纵情欢愉,这里有数不胜数的欢乐节日庆典,既有像佛罗伦萨施洗圣约翰节这种宗教节日,也有锡耶纳帕里奥赛马节、阿雷佐撒拉逊马上比武节(Giostra del Saracino)等激情洋溢的世俗狂欢。

身处 1490 年的托斯卡纳，你或许已迫不及待想要投入艺术的海洋，佛罗伦萨大教堂宏伟的穹顶，列奥纳多·达·芬奇（Leonardo da Vinci）的优美画作，多纳泰罗（Donatello）的精湛雕塑，这些照亮人类历史的艺术作品此时已风靡整个欧洲。

漫步在托斯卡纳的任何地方，都不会缺少美食与美酒（意大利的很多顶级葡萄酒都产自这片区域）。这里的乡野田园如画如诗，豪华别墅错落点缀其中，每座教堂都珍藏着大量神圣遗物与艺术杰作。市集店铺里琳琅满目的商品令人心驰神往，街头上喧嚣的声音不绝于耳，这些托斯卡纳人有的滔滔不绝地谈天侃地，有的喋喋不休地你争我辩，有的畅谈生意你来我往，还有人打情骂俏撩云拨雨，这里的生活总是多姿多彩的，不会沉闷。

前往托斯卡纳之前，熟悉一下这里的历史将大有帮助。托斯卡纳的大部分地区都处于佛罗伦萨共和国的控制下，无论你走到哪里总能看到显眼的"美第奇小球"（palle）徽章［洛伦

佛罗伦萨风貌画，城中重要教堂和宫殿尽收其中。有四座大桥横跨纵贯全城的阿尔诺河，渔夫们正在河岸拖曳着丰收的渔获，在近景中画家还描绘了很多细节场景

一 准备一场美丽的文艺邂逅

洛伦佐·德·美第奇半身像,这位佛罗伦萨领袖标志性的扁平鼻子和冷峻的眉眼神态令人过目难忘。此为安德烈·德尔·韦罗基奥(Andrea del Verrocchio)的雕塑作品

佐·德·美第奇(Lorenzo de'Medici)是佛罗伦萨的实际统治者]。不过佛罗伦萨征服周边主要城镇的时间并不长,你会发现像比萨等地的一些民众仍然因被迫屈服而愤懑不已,在造访这些城镇时要务必留意。锡耶纳和卢卡是两座一直保持独立的要塞城邦,卢卡城面积不大但经济富足,而锡耶纳人向来将佛罗伦萨视为蛮横邻邦,在那里你立刻就能感到当地人对他们邻邦根深蒂固的敌意,所以最好不要跟他们提起任何有关佛罗伦萨的话题。

佛罗伦萨概览

> 尽君所想，此城尽有，
> 她止战平叛，无往不胜，
> 她纵享富足，国盛民强，
> 她攻城掠堡，无坚不摧，
> 她统辖海陆，无远弗届，
> 在她的治下，托斯卡纳一片欢愉，
> 璀璨辉煌比肩罗马，胜利永属佛罗伦萨。
>
> ——波德斯塔宫（*Palazzo del Podestà*）正立面镌刻的铭文

作为托斯卡纳地区最重要的城市，佛罗伦萨将是穿越之旅的重点所在，她坐落于托斯卡纳中心腹地的阿尔诺河谷（Arno），顺流而下距海仅80公里。不同于阿雷佐的空气稀薄和比萨的沉闷，这里气候宜人，至少在佛罗伦萨人心目中这里的空气分外香甜。佛罗伦萨的人口现已达到7.5万人左右，远超伦敦、罗马，比肩威尼斯、米兰、那不勒斯、巴黎和萨拉曼卡（Salamanca），成为欧洲人口最多、规模最庞大的城市之一。

阿尔诺河纵贯整个佛罗伦萨，在炎热的夏季河流湍细迟缓，而在冬天则会洪流泛滥。在阿尔诺河北岸坐落着城中最重要的市政和宗教建筑，政府所在地市政广场，与大教堂、洗礼堂所在的主教堂广场构成这座城市的中心地带。这片区域面积不大，步行大约二十分钟就能周游一遍，但建筑和人情风貌颇富意趣，位于阿尔诺河南岸的奥尔特拉诺（Oltrarno）同样有很多值得赏游的区域。佛罗伦萨有五十多座类似的广场，这些广场大多围绕

一　准备一场美丽的文艺邂逅

在这幅画作中，可以看到佛罗伦萨最重要的两座建筑。右侧是威严的领主宫（Palazzo della Signoria），耸峙的钟楼是其显著标志，远景则是佛罗伦萨大教堂的布鲁内莱斯基（Brunelleschi）大穹顶

着重要教堂而建。

　　老市场（Mercato Vecchio）是佛罗伦萨的主要市集之一，这里曾是古罗马时代的公共论坛，现在是重要的食品市场。另一个市集——新市场（Mercato Nuovo）是银行家和货币交易商们经营生意的地方，如果要和他们打交道，最好先了解托斯卡纳通用货币弗罗林（florin）的相关常识：1 弗罗林大约价值 7 里拉（lire），1 里拉大约折合 20 索尔迪（soldi）或 60 夸特尼（quattrini）。

托斯卡纳方言

那些寡恩薄义、心怀恶念的人，他们早就从菲耶索莱（Fiesole）迁居来此，但至今都没有褪去山岩鄙野的风气。

——但丁（Dante）在《神曲·地狱篇》（Inferno）中描述佛罗伦萨同胞

此次旅途你还需要掌握一些托斯卡纳方言，这是当地人日常交流、书写以及在商业往来中使用的主要语言。托斯卡纳方言兴起于上个世纪（14世纪），意大利三位伟大作家但丁、薄伽丘（Boccaccio）和彼特拉克（Petrarca）发挥了重要的推动作用，他们在创作时都选择使用托斯卡纳方言。整日在城乡间游走布道的多明我会、方济各会传教士们在托斯卡纳方言的普及方面同样发挥了重要作用，这些传教士最清楚该如何讲经布道才能牢牢抓住信众的注意力。

洛伦佐·德·美第奇是托斯卡纳方言的坚定支持者，使用该方言创作了大量散文、诗歌和文稿。在洛伦佐心中，托斯卡纳方言是最适宜传递思想和情感的语言，不同于早已失去活力、僵化桎梏的拉丁语，它充满了生命力和变革性，完美适应了时代发展的需要。

很多人都在洛伦佐的带动下使用托斯卡纳方言，毕竟他是托斯卡纳最有权势的领袖。但是那些自大的律师却坚持使用拉丁语，其中缘由并不稀奇，满脑子套路的律师们运用拉丁术语演绎所谓因果逻辑，提供号称免费的专业法律服务（开始时使用拉丁语提供点儿免费却让人搞不懂的建议，是律师们常用的套路），当把客户搞得一头雾水时，费用也就得以不断加倍。不过洛伦佐做事同样有特定的目的（很快你就发现这一点），他清楚托斯卡纳方言的传播将提高佛罗伦萨的海外影响力，而且随着激动人心的新技术——印刷术出现，越来越多的人正在习惯阅读，这一切更会加速语言的传播与发展。

你如果想进一步了解托斯卡纳文学，在行前可以翻翻一些代表著作。诗人但丁的名作《神曲》中处处都是对托斯卡纳同胞人性的洞见，只是读懂这部晦涩深邃的作品实属不易。不过你可以读一下薄伽丘在"黑死病"大流行结束后创作的短篇小说集《十日谈》（*Decameron*）以及彼特拉克的爱情诗篇，这些作品集中展现了如今佛罗伦萨人的思想情感。喜欢史海钩沉的人可以选择乔瓦尼·维拉尼（Giovanni Villani）八卷本的《佛罗伦萨编年史》（*Florentine Chronicle*）。如果你对艺术感兴趣，可以读一读莱昂·巴蒂斯塔·阿尔伯蒂（Leon Battista Alberti）关于绘画和建筑的精彩论述，其中论建筑最近印制了十卷本，他的论述体现了风靡佛罗伦萨受教育阶层的人文主义理念。阿尔伯蒂的《论家庭》（*The Family*）如今也广为流传，这部著作分享了佛罗伦萨人在处理教育、婚姻、家务和财产等事务时的智慧灵光。

抵　达

前往托斯卡纳的道路可谓四通八达，只是盗贼、劫匪不绝于道，因此当地人会严肃地建议你务必结伴前往，在夜里将钱财藏在枕下，看管好随行骡马。即便如此，仍需要随时保持警醒，很多来此旅行的人出发时行囊鼓鼓，抵达目的地时几近囊中空空。

在北方，从米兰和威尼斯出发的两条大道汇合于博洛尼亚，然后穿越过亚平宁山脉，就可以看到位于山脉南侧河谷盆地的佛罗伦萨；佛罗伦萨东部有一条平行于山脉的坦途，途经阿雷佐通往佩鲁贾（Perugia）；如果自南方前来，道路会好走很多，你既可以选择罗马古道（old Roman via Aurelia）先行抵达比萨，也可以沿着卡西亚大道（via Cassia）行经锡耶纳最终到达佛罗伦萨。

如果你乘船而来，可以在比萨港登陆，随后沿阿尔诺河谷溯流而上前往佛罗伦萨（其实这种方式更为安全，也没有那么辛苦，但前提是你需要躲过肆虐东地中海的土耳其战舰和狂风骇浪）。乘船沿阿尔诺河可以直通佛罗伦萨城门，岸边拉纤的牛浑不知倦地缓缓前行，船上人享受着悠闲的逆旅时光。不过夏季阿尔诺河水流浅缓，一路遍布网罟罾罩和淤地浅滩，秋冬时节又总是洪水滔急，因此大多数人还是喜欢选择陆路，沿河岸一路取道卢卡、皮斯托亚（Pistoia）、普拉托，最终抵达托斯卡纳腹地之城。连接法兰西和罗马的法兰契杰纳大道是朝圣者来托斯卡纳的必经之路，这条道路行经卢卡、圣吉米那诺、锡耶纳，极大带动了这些沿线城市的商贸繁荣，已经成为欧洲继圣地亚哥-德孔波斯特拉之路（Santiago de Compostela）和耶路撒冷（Jerusalem）朝圣路之后最受欢迎的朝圣路线。

# 二 佛罗伦萨人的家庭生活

恋爱&婚礼&生儿育女&葬礼&奴仆&医药

> 我向来都把文稿锁在书房里,即使我的妻子也不可以进去。
>
> ——阿尔伯蒂

你或许会选择佛罗伦萨老市场附近声誉良好的蜗牛旅馆（Snail）作为穿越旅途的落脚处,前往那里的路上会经过很多威严宏伟的宫殿府邸,它们的外墙由粗朴的石料垒砌,小小的窗户装着栅栏,而且特意设置在行人视线高度之上,令人忍不住好奇：在这些高墙大院中的佛罗伦萨人过着怎样的生活。虽然这些冷峻的宫殿看上去拒人于门外的样子,但在那些显要人士的宫殿门口摆放着很多板凳,而且总是有很多人坐在那里等候入内拜会。洽谈生意是进入宫殿的最佳由头,如果你打算订购服装,布匹商人会热情地请你走进府邸,各种锦衣华服摆满宫殿底层的铺面,顶棚上还悬挂着用樟脑和盐特制的药膏,用来驱赶虫蛾。

那些真诚又投缘的客户或许还会受邀前往宫殿二楼的书房（studiolo）参观,这里也被称为写作室（scrittoio）,是宫殿主人存放商业函件和个人文稿的地方。他们的书房里一般都有用来数钱币的桌柜和储存钱币的箱子,文件、账簿、松散的手稿、捆扎

好的信件以及称重秤被分门别类地存放在柜子里，有的人书房里或许还有新近绘制的地图。如果你留给主人的印象不错，或许他还会大方地向你展示那些名贵珠宝、珍奇古币、奖章等私人收藏。有的宫殿主人喜欢劳逸结合的生活节奏，比如为美第奇家族效劳的银行家弗朗西斯科·萨塞蒂（Francesco Sassetti）就在书房隔壁设置了一个舒适的浴室，里面摆放着浴缸，还有壁炉加热，不过从这位经理惨不忍睹的经营业绩来看，似乎他在浴室待的时间远比在书房多。

你或许会收到某个宫殿的社交活动邀请，那么你将可以见到宫殿主层（pianonobile）那些最豪华的房间，其中最轩敞的大厅被称为主厅（salone），里面摆放着用来举办各类正式活动、宴会、接待和家庭聚会的长桌。这个大厅位于临街一侧，狂欢节（Carnival）期间，女士们会从这里探出窗外观看热闹的巡游队伍，主厅中间还设有壁炉，这也是冬天一家人围坐聚会的地方。

主厅周围一般是餐厅、访客室和小会议厅，房间里装饰着色彩缤纷的织锦、天鹅绒和绸缎，桌椅和窗台上精心覆盖着毡毯，这些毯子色泽鲜亮、纹理别致而且价值不菲，主人舍不得将它们用作地毯。房间的墙壁上都绘有大片的壁画，与房间内的锦缎毡毯交映生辉，一些带镶板的房间护墙板上还嵌挂有绘画作品或装饰瓷盘（tondo，一种佛罗伦萨常见的圆形瓷

对于整日埋首账簿的人而言，一副眼镜堪称无价之宝，但只有最富有的商人才买得起

二　佛罗伦萨人的家庭生活

盘，上面通常绘有宗教题材的画作）。进口自佛拉芒的挂毯令房间色彩更为丰富，还有城郊小镇蒙特卢波（Montelupo）工坊里制作的陶瓷饰品都非常受欢迎。玻璃窗已经在部分宫殿开始使用，但大多数宫殿仍然只能靠格栅窗御寒（它们很难抵御凛冽的寒风侵袭）。

图为卢卡·德拉·罗比亚（luca della robbia）创作的彩釉装饰瓷盘"数月劳作"（Labours of the Months）系列之一，现镶嵌于美第奇宫内洛伦佐书房的天花板上

宫殿后方相对安静的区域是家庭成员的卧室，有的卧室旁边还设有浴室。主人的卧室里摆放有精致的大床，这可能是家中最贵重的家具，因为在佛罗伦萨出生、探病、离世都具有半公开社交性质，而这一切皆围绕这张床展开，因此在某种程度上床具是地位的象征，床底下还细密地摆放着桑树枝条，用来吸引肆虐枕席的跳蚤害虫。卧室里一般还会摆放躺椅、卧室柜、镜子，以及用于祈祷的圣像（不是画像就是雕像）。卧室一角支有洗漱面盆，冬天人们还会使用火盆、暖床炉进行取暖。有的宫殿顶层建有凉廊，在这里可以自在地享受新鲜空气，举办露天餐会，这也是宫殿晾晒衣物的地方。

厕所的位置最偏远，一般位于楼梯下方不碍事的小隔间里，人们都认为"黑死病"是空气中的有毒气味引起的，因此想尽了

11

一切方法阻止有害气息的扩散。他们在橱柜里和枕垫下面摆放装有紫罗兰和玫瑰花瓣的香袋，使用香盒、点燃香炉散播琥珀香气和麝香气味，家境优渥的女士们还会购买香薰过的手套、项链或坠饰。不过最诱人的味道来自厨房，鲜嫩炙烤的肉香夹杂着丁香、藏红花、罗勒和蒜末的丰富味道与烟火气息混在一起，浓郁而独特的香气令人垂涎欲滴。

女主人会努力将宫殿打理得尽可能舒适，她深知自己将在这里度过生命的大半岁月。然而女主人的闲暇时光很少，她需要亲自督导很多家务，比如检查用草木灰洗涤、木梨香薰的亚麻布是否洁净清新；看看宫殿的排水井是否打开和畅通；督促女佣们修补旧衣物；还要确保炉火使用安全；等等。在她的管理下，宫殿的每个房间都有仆人努力工作的身影，他们不是手持扫把清洁地面，就是擦洗锅碗瓢盆，或者忙着照应暖炉添加炭火。当难得偶有余暇时，女主人会走进宫殿的花园，这里盛开着她亲手栽培的鼠尾草、迷迭香、轮藻和罗勒。

穷人和富人仿佛生活在两个世界里，工匠和底层劳力们只能在梦中想象宫殿里的贵族生活。他们蜗居在两三层摇摇欲坠的小木楼里，每层只有一个不足 4.5 米宽的小房间，里面满满当当地挤着全家人。很多工匠最大的奢求不过是自己住处有个独立的入口或楼梯而已，还有很多人家只能挤在小棚舍里凑合度日。他们的生活都围着厨房展开，在这里吃饭、游乐。寒冷的冬天，一家人挤在火炉旁，这应该是全家最温暖的地方了。

恋　爱

在佛罗伦萨，你可能会见到新娘骑着白马穿街过巷的热闹场景，下面我们聊聊这里的婚恋流程，以进一步了解佛罗伦萨人的品性。对他们而言，婚姻更像是严肃的生意，在这座到处都是精明商人的城市，两个门当户对的家庭会就子女婚嫁事项进行大量锱铢必较的谈判，特别是豪门联姻，更是漫长而烦琐的过程。婚姻通常是包办的，男女双方年龄大多相差很大，三十出头的新郎迎娶豆蔻未开的新娘是很常见的事情。

有关嫁妆的谈判最为复杂（见后文），只有当所有事情都商定妥当，一丝浪漫才会悄然而来。双方会在新娘家举办仪式庆祝达成共识，男女双方在公证人的主持下相互允诺并许下誓言，两个家族的男性成员共同出席见证这一庄严时刻。在佛罗伦萨人心中，戒指代表的意义非同寻常，因此当新人执手相握正式交换戒指后，公证人会宣布婚约订立成功，两家将在书房签署详细的婚姻协议。

订婚之后，往往还要再过几个月才举办正式婚礼，但这期间完成订婚的情侣可以热烈地互示爱意，甚至可以共度良宵。不过有的未婚夫利用少女的纯真，有时未免有些过火，布拉西奥·马泰利（Braccio Martelli）就曾跟洛伦佐吹嘘，他亲自为朋友尼科洛·阿丁赫利（Niccolo Ardinghelli）放哨，而阿丁赫利以"公牛角"般的男子气概蹂躏了未婚妻。

通常来说，一切都会有条不紊地进行，新娘家利用这段时间筹办繁多的嫁妆，包括带有可拆卸袖套的礼服、日常衣物、珠宝、布料，还有毛刷、梳子、镜子、缝纫用品和宗教书籍等大量个人用品。新郎家则忙着为正式婚礼后的盛大宴席做准备。

婚 礼

在众人的见证下，新郎爬上梯子来到新娘面前，两人四目相对并遵循传统礼节完成仪式，自此喜结连理比翼双飞，和谐地交融在一起。
　　——某位见证者记录了佛罗伦萨一户人家在楼台举办的婚礼

婚礼吉日，两家人在教堂热烈地庆祝这一幸福时刻。随后新娘骑上白马，在新郎的引领下前往新家，后面是浩浩荡荡的随从、乐手、舞师队伍，在城市街道间兴高采烈地巡游。作为彰显家族社会地位和门第登对的重要时机，新娘家会在巡游队伍中展示各类奢华的银器、镀金餐具和昂贵嫁妆，如此一来也可以确保新郎家能够通过贸易商公允地评估嫁妆价值。

新郎会给新娘献上新婚服饰，上面通常带有家族徽章以示新娘成为家族一员。马可·帕伦蒂（Marco Parenti）在迎娶佛罗伦萨豪门之女卡特琳娜·斯特罗齐（Caterina Strozzi）时，给新娘准备了绛红色天鹅绒大氅、丝绸外衣，以及镶嵌着珍珠的礼帽和一条深红色绸带（众所周知，这象征孕育）。卡特琳娜的母亲亚历珊德拉（Alessandra）对此颇为满意，称赞"她是如此美丽，这位丈夫不过是想让他的妻子更明艳动人而已"。作为典型的佛罗伦萨人，精明的母亲很快就估算出这些衣服大概值400弗罗林，她还暗自揣测那顶镶着珍珠和珐琅花饰、由800根孔雀翎毛

二 佛罗伦萨人的家庭生活

制成的帽子是否真的物有所值。政府急切希望刹住当下奢靡炫耀的风气，已颁布法令要求新娘不得穿金戴银，不得佩戴珍珠首饰，也不能穿着深红色布料和皮草衣物，但佛罗伦萨人对此并不理会。

> 我们站着聊了会儿天，不一会儿新娘跟新郎被赶去睡觉，大家全都径直跟着他们到卧室床边，一起捉弄这对新人。
>
> ——摘自给新娘父亲的一封信

当迎亲队伍最终到达新郎家，那里丰盛的宴席早已准备妥当，长长的餐桌上摆满了令人垂涎欲滴的美食，五香牛肉、炙烤小牛排、橙味鱼肉馅饼、嫩烤孔雀舌，还有塞满了新鲜黑鸟肉、沙拉、果脯、肉豆蔻、藏红花、糖杏仁和蜜饯的特制馅饼（当时佛罗伦萨政府为刹住奢侈之风，颁布法令规定主食不允许有烤肉和馅饼之外的东西，因此人们把能想到的所有美食都填进了馅饼里。——译者注）。酒酣耳热之际，可能会有兴致高涨的文人雅士纵情高歌，或有感而发即兴吟诗赋文，但席间还有杂耍演员和乐手们，想要胜过他们的风头可不那么容易。载歌载舞的宴会将一直持续到新婚夫妇不胜酒力离

戒指的象征意义

戒指被赋予了丰富的象征意义，或许你可以猜到火红色的红宝石象征炽热爱恋的心灵，而且人们认为红宝石有益健康，能够祛除邪念。

钻石可以确保婚姻忠贞，维护丈夫与妻子的生活和谐，是治愈诸疾的灵药。

绿宝石能够抵御疾病，利于女性分娩，还有助于财富的增长和增强视力。

热爱平静生活的人钟情蓝宝石和珍珠，它们有利于增进平和、虔诚和贞洁。

嫁 妆

嫁妆是一笔大花费，一般会在1400弗罗林左右，有时为了招到如意郎君甚至要花费多达2000弗罗林。洛伦佐大婚时，他那出身贵族的未婚妻从罗马带来了价值高达6000弗罗林的嫁妆。要知道即使最挣钱的律师，每年都很难到手500弗罗林，因此修道院有那么多嫁不出去的老姑娘也就不足为奇了（但并不是所有姑娘都心甘情愿地在修道院孤寂终身，第七章将介绍那里发生的诸多丑闻）。

婚姻合同还会附带各种规定，如果新娘家没有如约支付嫁妆，丈夫有权将妻子遣回娘家，令后者备受羞辱。美第奇家族坚持写明，假如洛伦佐的妻子无法生育，那么就可以将她遣送回去。关于嫁妆往往会发生很多激烈纠纷，比如有位女士的丈夫去世后，婆家人坚持这位遗孀仍然要如约支付完嫁妆后才可以再婚。

如今佛罗伦萨的大多数富人都开始投资嫁妆银行（Monte dei Doti），很多成功商人也不例外。嫁妆银行类似一个公共基金，能够确保投资者的女儿在出嫁时得到足够的嫁妆，这项投资属于应税资产。政府对投资到嫁妆银行的钱享有十五年的使用权，到期后将保障投资人女儿出嫁时的嫁妆费用，据说佛罗伦萨城一半的财富都在这个嫁妆银行里。

席休息，但是如果有宾客觉得这对新人的热情不够到位，一些醉酒的家伙会追到新人卧室，在窗前爆出各种粗言秽语。

第二天一早，为了庆祝美好的结合，新娘会收到一份专门准备的贴心早餐，其中鸡蛋代表早日孕育的祝福，蜜饯象征着爱情的甜美。新郎也会在这时向新娘赠送相应的彩礼（counter-trousseau），欢迎妻子正式成为家族一员，这些彩礼一般包括高档衣物、珠宝首饰，还有一个被称作婚礼箱（cassone）或藏宝箱（forziere）的结实橱箱，这个橱箱上绘有取材自经典传说或宗教故事的装饰画，强调婚姻生活需要谨慎面对和无私奉献。这个看上去颇为浪漫的献礼背后可能隐有难言的尴尬,丰厚的彩礼或许意味着高昂的债务,过不了几年,有些彩礼很可能会被债主索取或不得不典当出售。

佛罗伦萨的普通阶层当然无力承担这些烦琐的婚嫁仪程,他们对展示财富和教养毫无兴趣,健康的身体、充沛的体力和勤劳的品性远胜一份所谓体面的嫁妆。相比热衷奢华仪式的豪门,普通民众在谈婚论嫁时不拘泥于任何形式。在教堂里,在宗教巡游庆典上,在收获的田野里,在热闹的市集中,或是在载歌载舞的夜晚,年轻的情侣们相遇相识,男孩会向心仪的姑娘献上丝带、手帕、戒指甚至几枚硬币,姑娘会给那些幸运儿回赠一缕秀发,在订婚成婚时也没有人在意什么法令或宣誓之类的事情。事实上,酒馆、厨房、马厩,或是室外的花园、喷泉旁边,佛罗伦萨人在太多不可思议的地方邂逅着浪漫情缘。

婚礼是佛罗伦萨人生活中重要的庆祝仪式,盛装打扮的情侣们正在条纹篷幔下欢快起舞

生儿育女

> 请告诉您妻子,她可比我老婆强多了,我老婆足足生了八个女儿后,才终于给我生了一个儿子。
>
> ——1472 年,费德里科·达·蒙特费尔特罗(Federico da Montefeltro)写给洛伦佐·德·美第奇的信

为了保护女士们平安渡过风险巨大的生育难关,佛罗伦萨人想尽了一切办法。孕妇们虔诚地阅读圣玛格丽特(St Margaret)的传说,她曾毫发无损地从恶龙肚子中出来,被奉为孕妇的保护神。不识字的人家则把讲述圣玛格丽特故事的书籍放在孕妇肚子上。珊瑚被用作辟邪和防止大出血的护身符,人们还会让孕妇食用曼德拉草根和香菜籽,以保证安全分娩。还有一种用蛇蜕、兔奶和小龙虾捣碎制成的混合药剂,但可能只有胃功能足够强大的孕妇才会灌入口中,有些更为虔诚的孕妇还会身穿普拉托的圣母腰带(Virgin's Girdle)亲自触碰过的衣服。面对巨大的风险,务实的贵妇亚历珊德拉·斯特罗齐曾在女儿卡特琳娜生育第一个孩子时,投资 12 弗罗林购买保险,不过大多数人并不在意,他们更喜欢拿孩子性别打赌下注。

人们会给产后的女士吃一种特别腌制的禽肉,产妇还会收到一个生育盘(birthtray),佛罗伦萨人做梦都想要个儿子传承家世,因此这个生育盘上大多画着年轻男孩或小天使(putto)的形象。洛伦佐·德·美第奇出生时,他的父亲赠送给洛伦佐的母亲卢克雷齐娅(Lucrezia)一个生育盘,至今仍镶嵌在洛伦佐的卧室墙上。在很多教堂里,你都能见到大量带有婴儿画像的银质或

蜡质贡品，这些都是心愿得偿的父母敬献的。

孩子在出生几天后就要举行洗礼，如果新生儿身体状况堪忧，在出生后的几个小时内就会接受施洗。你会经常见到初为人父的佛罗伦萨人满脸自豪地前往洗礼堂。在那里，政府用豆子记录城中孩子们的出生情况，黑色豆子代表男孩，白色豆子代表女孩。施洗礼上，教父和教母会带上面包、杏仁蛋糕、蜜饯或糖果盒等礼物，有些慷慨的教父母还会在婴儿襁褓里塞上钱币，赠送精心包装的银器，或是大力神赫拉克勒斯和佛罗伦萨守护者施洗圣约翰的雕像。

> 伟大的父亲，我简直无法用言语来形容这匹小马是多么地令人快乐，它的到来多么令人兴奋……它是如此漂亮、如此完美，世间的一切美好都不足以赞美它。当这匹英俊的小马加入马群快活地嘶啸时，您很难想象我心里对它是多么地喜爱。
>
> ——七岁的皮耶罗·德·美第奇（Piero de'Medici）对他父亲洛伦佐如是说

洗礼仪式完成后，婴儿被托付给奶妈，她们通常是来自佛罗伦萨附近乡村的农妇。在出生的头一年，新生儿始终被安稳地包裹在襁褓里，稍大一点男孩和女孩会分别穿上罩衫或裙装。佛罗伦萨人都是在女性的呵护中度过童年的，本世纪初（15世纪）阿尔伯蒂在著作中写道："在我看来，相比男性的激情，女性平和的关爱更适宜陪伴孩子度过柔弱的成长阶段。"

佛罗伦萨人天性喜爱孩子，你会发现这里的孩子身边总是堆满"木马、小铙钹、手工小鸟和镀金小鼓"等丰富有趣的玩具，童年时光充满了父母的宠溺。儿童教育手册的作者乔瓦尼·多米尼奇修士（Fra Giovanni Dominici）这样描述，"（父母）亲昵地把孩子搂入怀中，深情地亲吻他们，为他们哼唱歌谣"。

葬礼

和婚礼一样，葬礼也是展示佛罗伦萨人家族社会地位的重要时刻。如果你看到某座宫殿窗外垂挂了黑色布匹，就意味着这个家庭中有成员不幸离世了。很快，在通往葬礼教堂的沿途会临时摆好长凳，供参加悼念的人休息。当政府官员、律师或医生、药剂师"归息大海"（佛罗伦萨人以此指代死亡），在他们的葬礼上会悬挂带有家族和行业徽章的横幅，家人会按照逝者生前所在兄弟会或教派的习惯为其着装入殓。棕色是传统的哀悼着装颜色，此时似乎政府也无须再像平时那样要求女士们系好胸前纽扣不得袒胸露乳。

规格宏大的葬仪是最近兴起的风气，很多老一辈佛罗伦萨人对这些变化颇为不满，他们认为低调的葬礼更能表达对逝者的尊重。以往的安葬仪式，人们给离世之人穿上白色布衣，使用简单的草席装

这是一个生育盘，上面描绘了两个年轻人正在玩"小猫头鹰"（civettino）游戏，可以看到其中一名选手踩住了对手的脚

殓，下葬时也没有等级阶层之分。1464 年，科西莫·德·美第奇（Cosimo de'Medici）离世时，他的遗体只是被短暂地停放在圣洛伦佐教堂外，供民众瞻仰致敬，他的墓碑也非常朴素，上面镌刻着简洁而庄重的铭文"祖国之父"（Pater Patriae）。

奴　仆

> 我必须提醒您，阿方索（她的儿子）断奶后，我们应该物色一个小女奴照顾他，或许还得再找个黑人小男孩当他的玩伴。
> ——某位佛罗伦萨主妇同丈夫的谈话

> 以仁慈上帝的名义，希望这些孩子都能重新找回自己的母亲。
> ——一位匿名女奴向育婴院捐赠时附带的书面请愿

　　但凡略具规模的宫殿，里面众多劳碌的仆人中肯定有一名女性奴隶（目前女奴的市场行价约为 50 弗罗林）。你经常可以见到她们在街上穿梭办事，或在市集帮女主人采购。这些女奴大多是斯拉夫人或鞑靼人（拥有勤劳卖力的声誉），还有的来自俄罗斯、希腊甚至非洲。很多人文主义者对此颇为反对，但是大多数人都觉得无可厚非——毕竟无论是教义还是市民法，都对此予以认可。更何况连教皇本人都欣然接受了阿拉贡国王费迪南德敬献的 100 名黑奴，并将他们分配给自己的枢机主教，那还有谁会对此说三道四呢？

奴隶大多主要从事家政工作，通常穿着灰色粗布外套，头戴黑色帽子。根据规定，她们不得穿着"任何亮色的外套、裙子或袖装"。大多数奴隶的生活境遇并不错，雇主通常将她们视为重要的家庭成员。某位富裕的公证人还曾赐予自己的女奴自由，而且将自己最好的床具赠给了这位名为弗雷西纳（Fresina）的女奴，还送给她内衣和很多银饰。据这位慷慨的主人说："如果这个世界上有那么一位忠贞、诚实又稳重的奴仆，全身心地投入工作，热情地温暖家人，这个人一定是弗雷西纳。"贝尔纳多·马基雅维利（Bernardo Machiavelli）也买了一个八岁小女孩，雇用了十年时间。但后来这个女孩"胡言乱语，做事疯癫，无法服侍家人"，很快她就带着一件新上衣和贝尔纳多女儿的一条裙子被送回她父母那里。或许这个小女奴受够了使唤而故意为之，她的继任就接到非常多的详细任务：打扫餐厅、清洗餐盘、准备午餐、帮忙做面包以及洗涤衣物。

有些奴隶很是散漫放肆。贵妇亚历珊德拉·斯特罗齐曾打算惩罚女奴凯特雷努西亚（Caterinuccia，意为毛虫）时，这位刁蛮的奴隶威胁，要把她女儿卡特琳娜的风流韵事散播出去，亚历珊德拉只得无奈作罢。更令她恼火的是，整整五年过去了，凯特雷努西亚依然是家中一员，依然对女主人爱搭不理，亚历珊德拉愤愤地表示，"她总是待在自己房间里，偶尔给我做一点点纺织的工作，但大多时候都在忙她自己的事"。

与一个年轻迷人的妙龄女孩生活在同一个屋檐下，男主人难免会被吸引而意乱情迷，育婴院里很多弃婴就由此而来。这些孩子既不能被承认是私生子，也不能被当作奴隶，在育婴院成长可能是他们最好的选择。洛伦佐·德·美第奇的父亲、祖父都曾和奴隶育有后代，老科西莫的私生子卡洛（Carlo）还曾在教会享有显赫生涯。

很多妻子自然会对丈夫充满疑心。蒙娜·露西娅（Monna Lucia）是一个佛罗伦萨商人的妻子，当这位颇受敬重的主妇发现自己的女奴怀孕却无法查明孩子父亲是谁时，不禁妒火中烧。她的商人丈夫不住地抱怨如今家里的日子简直无法忍受："不论我如何发誓劝慰，她（露西娅）就是不相信……现在家里替换了个老女人，我的老天，与其说是女人，不如说更像猴子，这就是我每天要忍受的煎熬生活。"政府对这些风流韵事并无限制，但是只允许囿于自家之内，如果某人令其他人家的女奴怀孕，就必须接受惩罚，通常是女奴价格三分之一的罚金。

医 药

> 二十多天来，教皇通过水管将热水浇倒在头顶，医生认为这有利于改善他神志混沌的状况。
> ——教皇庇护二世（Pope Pius II）在佩特廖洛（Petriolo）
> 接受浴疗

如果你在穿越旅途中感到身体不适，最好尝试自己克服，如果不得不寻求医药师的帮助，你会发现他们绝对算得上佛罗伦萨社会中的重要人物。医药师大多穿着宽大长袍，上面装饰有松鼠皮毛和红色系带，全城注册执业的医药师只有七十多位，但实际上还有非常多根本没打算注册的医药师。

佛罗伦萨的无冕之王洛伦佐·德·美第奇聘请犹太人摩西（Moses the Jew）担任他的私人医生。摩西综合使用了放血、清肠、湿敷等多种治疗方式，试图减轻洛伦佐的痛风之苦。不过真正令这位医生名声大噪的，是他发明了一种用珍珠和钻石磨粉制成的药剂，以此治愈了洛伦佐的胃痛。

> 虽然他的妻子席穆娜（Simona）没有生育子嗣，但是他有很多私生子，有些来自一位良家妇女，还有些是他那非常漂亮的女奴所生，后来他把这个女奴嫁给了一个来自穆杰罗（Mugello）的家伙。
> ——乔万尼·莫雷利（Giovanni Morelli）介绍他的表弟

很多家庭都有各自的秘方手册，针对不同疾病提供了相应的治疗方法（书中还有关于如何洗涤去渍，以及除捉臭虫、虱子、跳蚤和蜘蛛的方法）。关于人类体质特征的研究也不断发展，通过分析将不同人群划分成四种体质类型——易怒质、镇静质、抑郁质和乐观质，这些体质特征影响着人的行为和健康。另外，大家普遍认为人体皮肤与内在器官存在密切的联系，因此如果某人罹患胆结石，医药师会让他将公羊的睾丸毛皮用蜂蜜敷在患侧进行治疗；在调理患者肠道时，医药师会在他们的肚脐上涂抹煮沸的鼠尾草汁与猪油混合制成的药膏。

佛罗伦萨人最恐惧的疾病莫过于瘟疫，他们现在已经明白像鸣枪、敲钟、奏哀乐这些传统治疗方式都毫无用处。大家都在尝试新的治疗手段（比如使用芦荟、没药和藏红花制作新药），但这些方法都无法确保免疫，比较明智的做法是逃离城市，远远地避居乡郊。

佛罗伦萨人对有关性生活的医学建议非常感兴趣，至少男人们是如此。人们认为精液分泌也是身体代谢形式之一，必须保持适度。对女士们几乎没有专门的性建议，有些事情是不言自明的，比如身穿束腰会产生令人难以拒绝的诱惑。不过有很多关于女士如何治疗乳房炎症、调理经期、安全度过孕期等方面的医疗建议。

> 为了防止疼痛复发，您要找一块叫作蓝宝石的石头，用纯金镶嵌使其能够直接接触皮肤，而且必须戴在左手无名指上。如果您按我的建议，那些关节疼痛、痛风苦楚都会消退，因为这种蓝宝石有很多神秘特质，其中就包括防止邪气渗入关节。
>
> ——一种痛风疗法

在佛罗伦萨，沐浴包括汗蒸、搓洗、涂油等一整套流程，通过彻底洗净身体的污垢和汗液预防疾病滋生。因此，洗浴不仅仅是简单的体表清洁，很多人认为用麸皮水洗头不仅令头发焕然一新，还有增进智力和记忆的效果。最令人身心舒缓愉悦的还是泡温泉，托斯卡纳到处都有大大小小的温泉，洛伦佐就是温泉常客。

三 与佛罗伦萨人同行

身处何处&浮生一日&市集商铺&公开场合的女性&交际花&教育&禁忌之恋&司法机构&智慧与诙谐

身处何处

现在，或许你想知道自己所在的方位以及如何开始游览行程。佛罗伦萨有四个城区，大教堂和市政广场所在的圣乔瓦尼区（San Giovanni）是城市的中心区，城市北部是美第奇家族的根据地新圣母玛利亚区，东部为圣十字区，在阿尔诺河南岸是圣灵区，也被称为奥特拉诺（Oltrarno）。每个城区内部又分为四个较小的旗区（gonfaloni），每个旗区都有各自的徽章标志。

与佛罗伦萨人同行，单是市中心就值得你多花些时间，在这里看看当地人如何打理生意，品味城市里的重要艺术杰作，或是到集市里转转。你可以看到工匠们正在热火朝天地忙碌，以前壁垒森严的标志性塔楼被尽数推倒，过去不到五十年的光景，三十多座华丽宫殿如雨后春笋般拔地而起。豪门家族在城中都有各自的街区领地，美第奇家族控制着拉尔加街（Via Larga）圣洛伦佐教堂周边，圣三一教堂（Santa Trinita）附近则是斯特罗齐家族的根据地。

佛罗伦萨能够发展成为强盛的经济中心，阿尔诺河发挥了关键作用，它转动着大大小小的磨坊，为羊毛洗梳和印染行业提供了不可或缺的充沛水源。阿尔诺河上横跨有四座大桥，最上游的鲁巴贡特桥（Ponte Rubaconte）建于1237年，是历史最悠久也是跨度最长的桥梁，六座敦实的桥桩稳稳地支撑着桥上的房屋、商店和小教堂。再往下游就是著名的维琪奥桥（Ponte Vecchio），也被称为老桥。维琪奥桥兴建于1345年，桥上挤满了各类商铺、作坊，是一座喧嚣又繁华的重要桥梁。在维琪奥桥下游坐落着秀丽的圣三一桥（Ponte Santa Trinita），其历史可以追溯到1250年，桥上有一座专为僧侣开办的小型临终安养院（hospice）和一个石窨。卡瑞拉桥（Ponte alla Carraia）在阿尔诺河最西端，这座大桥曾于1304年重建，那一年五旬节（May Day）人们因争相挤到这座桥上观看阿尔诺河上举办的地狱场景表演，使得卡瑞拉桥不堪重负发生了垮塌。卡瑞拉桥得名于桥上往来穿梭的货车（carri），这些货车主要负责在诸圣教堂（Ognissanti）和圣弗雷迪亚诺（San Frediano）教区之间运送羊毛。

为了方便官员、商人的出行和货物的往来运送，人们将市中心很多街道都进行了拓宽，路面铺上了石板，两侧设有人行道和排水沟，雨水可直接排入阿尔诺河，如此一来，街道就不会再像以前那样泥泞污浊，至少理论上是这样。很多街道的名字都反映了那里经营的主要行当，比如加斯奥利街（Calzaiuoli，鞋匠）、添多利街（Tintori，印染商）、奇马托利街（Cimatori，剪毛工）、萨波奈街（Saponai，肥皂制造商）和利博街（Librai，书商）等。

劳动阶层的聚集地看上去就很是破败了，与市中心俨然两个天地。在城东，羊毛梳洗工、印染工人聚集的圣十字区就是如此，很多艺术家还在这里开办了工坊。这里以及奥拉特诺区

（Oltrarno）制衣工人聚集的马吉奥街（via Maggio）杂乱不堪，房屋窗户外横七竖八地架着木杆，到处都晾晒着布匹。

有些街道还有外号，大都具有侮辱性。阿尔诺河北岸的居民轻蔑地称呼南岸的圣雅各布村路（borgo San Jacopo）为"虱子窝路"（borgo Pidiglioso）；对城市最南郊的卡马尔多利（Camaldoli）地区更是厌恶，说那里的穷人、乞丐"像牲畜一样"被胡乱掩埋，垃圾遍地，同性恋泛滥。他们会郑重其事地告诫你千万不要去那儿，到了晚上更是要避而远之。

当你走在佛罗伦萨街头，会发现这座城市里值得一游的景点太多了。在佛罗伦萨的三十座医院中，位于圣母领报教堂（Santissima Annunziata）旁边的育婴院（Ospedale degli innocent）堪称最具魅力的建筑杰作，这座育婴院由布鲁内莱斯基（Filippo Brunelleschi）设计，里面生活着上百名等候领养的孩子。冷峻森严的斯廷奇（Stinche）监狱专门用来关押破产者和债务人，很多佛罗伦萨人都曾在这里经历过牢狱之苦，乔瓦尼·维拉尼就是在

阿尔诺河及维琪奥桥全貌（左）。维琪奥桥上的狭窄过道，前方远眺是佛罗伦萨大教堂（右）

此囚禁期间记录了这座家乡之城的迷人历史。

佛罗伦萨城区四周环立着长达 5 公里的城墙,这些坚墙大约高达 12 米,有四层楼的高度,上面有人行步道;还建有 45 座高达 22 米的塔楼;城墙外侧装饰着圣徒雕塑壁龛。全城共有 11 座戒备森严的城门,每当夜晚宵禁开始就会锁闭。这些城门在阿尔诺河北岸有 6 座,南岸有 5 座,其中,河北的拉克洛斯门(La Croce)、圣伽罗门(San Gallo)、阿尔普瑞托门(al Prato)、法恩莎门(Faenza)及对岸的罗马门(Porta Romana)是城市的主要出入口。圣彼得罗·卡托里尼门(Porta San Pietro Gattolini)位于阿尔诺河南岸高地,站在这里可以欣赏整个佛罗伦萨的动人景致,很多豪门家族的私家别墅也在此附近。同样位于城南的圣乔治门(Porta San Giorgio)则是杂耍艺人们每逢节日庆典会合出发的地方。

浮生一日

> *漫说意大利,纵使放眼全世界,有哪座城市能够比坚墙环卫的佛罗伦萨更安全,有哪座城市的官殿能够如此气派、教堂如此辉煌、建筑如此精美,又有哪座城市的城门如此雄壮、广场如此富有、宽阔街道上有如此欢快的氛围,更会有哪座城市拥有如此伟大的民众和如此光荣的爱国之情,以及那无穷的财富和富饶的沃土?*
>
> ——*科卢乔·萨卢塔蒂(Coluccio Salutati)*

晨光乍露,如果此时早早起床,或是刚刚结束昨夜的通宵寻欢（这种场子在佛罗伦萨可是非常多），你会发现佛罗伦萨人都是早行人。有些女士可能正准备去参加早间弥撒，急匆匆地赶往工坊的学徒边走边系紧束腰短袍的腰带，试图扯平皱巴巴的紧身长裤，还有在宫殿工作的仆人们要赶在女主人醒来前到达工作岗位。你或许还会见到某个昨夜因宵禁睡在酒馆的醉汉，此刻正跟跟跄跄地摸路回家。在市中心的宫殿底层店铺里，工人们正忙着打开格栅和搁板铰链，摆好商品货物准备开张营业。

往远处走走，在方济各会圣十字教堂（Santa Croce）附近河畔工人们正认真整理羊毛准备清洗，而很多教派兄弟会的成员正走在城郊的路上准备前往乡村打理庄稼，赶往城里集市的农民与他们错身而过，这些农民用货车或骡马带着可怜的一点收成穿街过巷，嘎吱作响的车轮声在高墙石壁之间久久回荡。

随着面包师开始烘焙面团，刚出炉面包的香气在清晨的空气里飘溢，九点到十点左右是佛罗伦萨人的早餐时间。早餐通常比较简单，一般是面包、果酱和水果。街头也开始热闹起来，商贩的叫卖声此起彼伏，集市里满怀期待的顾客已经围在鱼贩、肉贩摊前，等着新鲜食材上架。

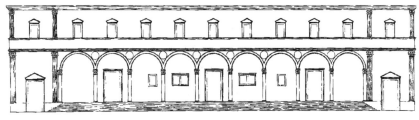

布鲁内莱斯基设计的育婴院是佛罗伦萨最重要的慈善机构之一，外立面展现了和谐的美感，是最早体现文艺复兴新古典风格的建筑

政府办事员和委员们大步流星地前往领主宫，他们的执政官在整个任期都居住、工作在里面。身穿红色或黑色"卢寇长袍"（Lucco）的高级官员经常被人缠住，当地人希望他们在执政官那里替自己美言几句。一位仆人端着上好的牛排飞驰穿过广场，这是专门为执政官餐桌准备的。地位更为显赫的商人正式开始一天的会见，

一队优雅的佛罗伦萨人，里面最年轻的孩子的着装也十分时尚

让人将耐心等候许久的客人带入宫殿。身穿罩衫、头戴尖头帽的工匠们也开始着手创作。

但并不是每个人都在劳碌工作。门廊下有很多年轻男孩，有的打扑克，有的下棋，有的玩骰子。他们还在街上玩着激烈的"小猫头鹰"（civettino）游戏——双方脱去外套，仅穿衬衫和紧身裤，腾挪闪躲，灵活地躲避对方的攻击。如果此时阿尔普瑞托城门附近的运动场上正举办足球比赛，你就可以听到震耳欲聋的加油助威声。还有很多时髦的权要人士在时尚的托纳波尼大街（via Tornabuoni）招摇闲游，他们身穿高领夹袄，戴着丝绸袖套，精致剪裁的天鹅绒紧身长裤展示出秀美的身材，当然，也招来目光如炬的一小伙扒手。

随着清脆的铃声传来，可能是乞丐在沿街乞讨，尽管街道上

大多都是臭气熏天，马粪味夹着稻草和灰尘扑面而来，但很多佛罗伦萨人仍然喜欢敞着门工作。路过他们的门口，可以瞥见当地的浮生一日：织工埋首织机劳作不休，木匠精心雕琢着家具，裁缝正认真地裁剪天鹅绒布料，理发师在凉廊下为养尊处优的律师净脸刮面。一阵马蹄声响起，人们纷纷停下手中的活计，只见传令官正满城布告圣十字广场几天后将举办盛大的比武活动。

很多工匠会在工作间隙到酒馆略作休息，洛伦佐·德·美第奇在圣伽罗门附近开办的酒馆就广受欢迎。夏天，工人们对冷肉、角瓜和蔬菜酱大快朵颐；到了冬天，大家就品尝熏火腿、馅饼和肉蔬汤。经过阿尔诺河，你可以看到河畔热火朝天的生产场面，工人们都在忙碌着梳洗羊毛、鞣制皮革，但是如果你比较敏感，最好远离河道，这里也是城市污水的汇集地，水面上漂满了垃圾和动物内脏，在皂液、鞣酸和染料混杂下，变成一条难辨颜色的污浊之河。

暮色降临，商铺陆陆续续打烊关张，工人们纷纷回家吃晚饭。比起简便的早餐，晚饭往往经过了精心准备。意大利面是当地的主要食物，一般还会有一份沙拉作为前菜，随后是肉菜，可能是烤乳鸽或炖羊肉，最后以山羊奶酪或水果结束。一些生活富足的人家偶尔还会享用孔雀肉、杏仁藏红花果冻等异域风味美食。大多数家庭达不到这个生活水平，不过餐后都会来几杯维奈西卡（Vernaccia）或特雷比安诺（Trebbiano）的葡萄酒。工匠们只能以面包、洋葱、大蒜或一份豆子和沙拉果腹，只有在节日期间，他们挣的工钱才够买肉（幸运的是这座城市节日不断），大多数人穷得连饭叉都没有。

当领主宫塔楼的钟声最后一次响起，城市进入了宵禁时间，如果你此时冒险出门，会发现街道完全是另外一副模样。这里有太多下流肮脏的地方，你会见到很多兴致高涨的佛罗伦萨人成群结队走在街上，他们正准备到城里最热闹的酒馆纵情饕餮狂饮。实际上，很多酒馆也做着妓院的买卖，它们的名字起得异常直白，比如"小妓窝"（Chiassolino），这里的厨子既做饭又当皮条客，而且男女妓俱全；"马瓦吉雅"（Malvagia）有"坏女人"和"丑妓女"两个意思；而"贝尔图奇与菲科"（Bertuccie&Fico）字面意思分别是"猴子"和"无花果"，实际上都暗指女性的某个身体部位（你可以猜猜是哪里）。这些酒馆大多集中在老市场和圣弥额尔·贝尔特迪（San Michele Berteldi）公共浴室附近的市集地段。讽刺的是，大主教宫殿旁边的酒馆也是生意兴隆，领主宫南面的阴暗地段也是酒馆的主要聚集地。

佛罗伦萨酒馆里，人们纵情酒色的场景，仆人正将酒壶递给楼上开怀畅饮的客人

政府竭力希望取缔卖淫现象，勒令这些夜女郎必须戴手套、穿高跟鞋，而且身系铃铛，然而并没有什么效果。这些禁令对于

城中的老油条们更是毫无作用，他们照旧轻车熟路地到酒馆寻欢作乐，法恩莎城门附近德国和佛拉芒的织工们常去的酒馆依旧热闹非凡。阿尔诺河沿岸同样是堕落的天堂，赌牌、摇骰子的喧闹声常年在污浊的河道上回荡。

市集商铺

　　市政广场和老市场之间的街道上有很多店铺，佛罗伦萨各行业的商店和工坊（botteghe）往往会连在一起，仅羊毛行业就有270多家工坊。正对着老市场的卡利马拉街（via Calimala）是服装店聚集地，这条街还连接着丝绸和锦缎商店聚集的瓦凯雷奇亚路（via Vacchereccia）、圣玛利亚路（via Por Santa Maria）和罗萨门路（via Porta Rossa），你在那里肯定能找到心仪的商品。圣玛利亚路离维琪奥桥也不远，银行家和金匠们也在这里开店，因此随处可见巧夺天工的精美工艺品，戒指、珐琅、贵金属、祭坛用品、圣杯、书封甚至皮箱，应有尽有。

　　鞋匠多聚集在市政广场南边不起眼的基亚索·贝伦赛丽路（Chiasso Baroncelli）。斗篷与帽子商人控制着布鲁内莱斯基广场到旧货街（via dei Rigattieri）一带，这里也是旧货贸易商的领地，店里的商品从坐垫、床褥到箱子、马鞍无所不有，甚至还有过时的修士兜帽长袍。不过这附近总是令人感到不安，二手衣贩和典当商人长期盘踞在此，他们对但凡有点价值的东西都来者不拒。当地人都知道，这里的卖的很多东西都是赃物，所以你可不要在这些"商品"来路方面多嘴。

在稍远一些的区域，新圣母玛利亚教堂周边是刺绣工人聚集地，金匠、木匠、银匠和家具商则在河对岸圣灵广场附近经营，羊毛工、皮革工大多喜欢聚在河边便利的圣十字广场。维琪奥桥上则挤满了屠宰铺、杂货店、面包店、布料商、内衣店、制桶匠铺和铁匠铺，各种活色生香的味道和嘈杂声将瞬间占据你的全部感官。

见到洗礼堂（the Baptistery）后往右走，跟那里的当地人打听去老市场的路，那条路中间就有一家快活的地方，那种味道你一闻就知道。替我问候那儿的婊子和老鸨……那儿有金发美女海伦娜和甜妞玛蒂尔达……你在那可以看到詹妮塔……和克劳迪娅袒胸露乳的画像……尽情享受吧……在这没有任何王法约束。

——巴勒莫人（IL Panormita）

如果你喜欢安静的店铺，从市政广场往巴迪亚（Badia）教堂方向走，那里的利博街和卡托利亚街（via dei Cartolia）有很多文具店和书店（这些店铺开在案牍工作浩繁的市政府旁边，显然非常合适）。韦斯帕夏诺·德·比斯蒂奇（Vespasiano de Bisticci）曾在这里经营过一间堪称意大利最富意趣的书店，里面有大量珍贵的古代手稿和质量顶级的地图。绘制地图可以说是佛罗伦萨人的专长，为佛罗伦萨大教堂顶层制造日晷而名声大噪的保罗·托斯卡内利（Paolo Toscanelli）就是著名的地图测绘师，他绘制的地图广受航海家和水手的追捧。托斯卡内利开创性地断定，一直向西航行可以跨越重洋抵达亚洲，这极大激发了热那亚探险家克里斯托弗·哥伦布（Cristoforo Colombo）的热情。他认真研究了托斯

老市场是佛罗伦萨重要的食品买卖集市——中间的石柱上矗立着多纳泰罗创作的"丰饶"（Abundance）女神雕像

卡内利的地图，现在正在西班牙和葡萄牙积极游说，寻求资金支持，计划通过探险之旅验证这一理论。亚美瑞格·韦斯普奇（Amerigo Vespucci）是美第奇银行西班牙代理詹内托·贝拉尔迪（Giannetto Berardi）的合伙人，据说这个雄心勃勃的家伙也正前往塞维利亚（Seville），希望通过资助大西洋探险寻求获利商机。

老市场和新市场是位于佛罗伦萨市中心的两个重要集市。老市场简洁敞亮的凉廊下，嘈杂的叫卖声此起彼伏，如果你恰好没有吃饭，可以在这里尝尝当地美食。烤肉在架子上滋滋生香，鱼贩铺里售卖着新鲜的烧鳗鱼，附近维琪奥桥旁边佩西欧里街（via Peciaiuoli）的渔获更是新鲜，在蔬菜贩子那儿还可以品尝到因瓜瓤火红而得名"皮斯托亚红焰"（brucia Pistoia）的甜西瓜。乞丐们挤在广场四周教堂前的楼梯上乞讨，女人们则逛着集市挑挑选选，无论是豪门贵妇还是底层工匠的妻子，都会因为一对阉鸡讨价还价。泥泞的下雨天也不会耽误这些女士前来购物，这些主妇都有木制高底的便鞋。

新市场离老市场不远，在这里就没有了肉味鱼腥，也不那么吵闹。货币兑换商、丝绸和纺织品贸易商们为这里营造了谦和的市场氛围，他们在铺着绿布的桌子上摆好钱袋、账簿，周围只有啪嗒啪嗒不停拨动算盘的声音，这些商人个个都盘算着最合适的生意。

公开场合的女性

在佛罗伦萨，不同阶层的女性在公开场合的角色有很大不同。你或许只有在集市上才能看到女士们不分阶层地闲逛购物，除此之外，街上大多都是出身劳动阶层的女性。她们很少待在家里，有的会去当奶妈照顾孩子，还有的从事羊毛纺织、布料售卖、制作女衣的工作，甚至到酒馆服务。出身优越的女士们大部分时间都在宫殿度过，她们没有投票权，不可以参政，也不能参加宗教游行，但狂欢节期间，你会看到她们在窗台斜倚栏杆的身姿。

这些贵妇名媛非常注重自己的着装，她们在公众场合会穿上紧身胸衣和高领装饰，镶有金边的丝绸

基尔兰达约（见彩图4）壁画中一位迷人端庄的女孩，她穿着镶有金色刺绣的长裙，正凝视着画外

长裙如瀑布一般精致合身；如果天气晴好，还会选择穿上制作精良的皮鞋。因为流行使用硫黄粉化妆，这些女士的皮肤普遍呈现淡白色，更加衬托了珠宝的光泽。

在佛罗伦萨，男人们喜欢自己的女人炫耀美丽风采，洛伦佐·德·美第奇就写下很多情诗来赞美现在的情人蕾妮西亚·达·巴尔贝丽诺（Nencia da Barberino），夸耀她的精美胸衣和红宝石吊坠项链，当她跪在教堂虔诚祈祷时，裙裾上的金色飘带就会曼妙地舒展开。

交际花

在佛罗伦萨教堂里，你很可能会见到一些姿态妩媚、打扮讲究的女士，即使布道极其无聊，身边的人都昏昏欲睡，她们似乎仍然心无旁骛，异常虔诚。不过再仔细品味一下，你会发现她金色的卷发貌似随意地垂下，精致的披肩恰到好处地搭在波涛汹涌的胸脯上，若隐若现，吸引着你的目光。这位佳人似乎专注地望向祭坛，但又对身边的一切了如明镜，她可不像一眼看上去那么简单。

当你离开教堂时，这名女子可能还在广场踟蹰，你或许会见到一两位男士给她的仆人留下信息。这位端庄的女士很可能是利用教堂卖弄风情的交际花。如若你也被她迷恋想来一场美丽的约会，那可要好好准备，佛罗伦萨的交际花才艺俱佳，既能在床笫之间尽显风情，还可以谈论彼特拉克的十四行诗，伴着鲁特琴曼声吟咏。当然，想要体味风月佳人的全部魅力，也要准备奉上巨资。

教会极度反对交际花在教堂弄情揽客，令他们恼火的是在这里的成功率似乎还很高。这也是为什么很多教堂会将男女隔开，佛罗伦萨大教堂就使用祭坛屏风和粗布帘幕分开男女区域，女性还往往被安排在暗示"邪恶"的左侧（在拉丁语中，"Sinister"具有"左边"和"邪恶"两个含义。——译者注）。

教　育

佛罗伦萨的教师素来享有盛名，很多人家都希望孩子跟随他们学习，但在这里读书要做好刻苦的准备。孩子在七岁时就被送到学校，像美第奇家族、斯特罗齐家族、贡迪（Gondi）家族这些豪门还会专门聘请私人教师。很多国外的学生也慕名而来，佛罗伦萨可供选择的学校很多，圣弥额尔教堂（Orsanmichele）附近就有一所极其有名的学校。本世纪（15世纪）初，在政治家尼可拉·达·乌扎诺（Niccolo da Uzzano）倡导下，很多著名人文主义者纷纷设立奖学金，来扶持偏远地区穷人家的孩子接受教育。

以往的教育完全以实用为目的，就是学会经营生意时应如何计算和交流。男孩每天面对"织造一匹布需要使用多少包棉花"之类的问题，主要课程是语法和算术；女孩们被鼓励学习有关家政管理的各方面常识。

如今，教育正在发生变化，许多新的课程开始出现。除了语法和算术，学生开始学习修辞、地理、音乐等。特别是修辞艺术大受推崇，很多人都希望孩子可以成为演说家。詹诺佐·马内蒂（Gianozzo Manetti）至今仍然令佛罗伦萨同胞敬慕，他娴熟地使用拉丁语进行了长达两个小时的精彩演讲，沉迷其中的阿拉贡国王阿方索（King Alfonso of Aragon）连苍蝇落在鼻尖上都没有觉察。

佛罗伦萨很多杰出教师都自称人文主义者，他们对古代世界抱有强烈的兴趣，门下学生大量时间都在学习拉丁语，特别是奥维德（Ovid）和普鲁塔克（Plutarch）的作品。谋划深远的佛罗伦萨人认为子女接受古典教育将为财富增添荣光，本世纪初先后担任佛罗伦萨执政官的列奥纳多·布鲁尼（Leonardo Bruni）和科卢乔·萨卢塔蒂（Coluccio Salutati）就是很好的例子，二人都是学养深厚的著名人文主义者。学生还会在课程之间进行足球、跑步、跳高、摔跤等身体锻炼。

当然，并不是所有教师都名副其实，城中就流传着某位迂腐校长的笑话。这个人记性奇差、舌齿不清，而且脑筋糊涂，他常年戴一顶破帽，穿着开线漏风的旧长袍，成日只会抱怨胃口不好、视力下降，腰酸背痛。还有的校长在学费上大做文章，前不久有个名叫拉斐洛·卡纳奇（Rafaello Canacci）的导师就被起诉了，洛多维科·博那罗蒂（Lodovico Buonarroti）控告

安德烈·皮萨诺（Andrea Pisano）为佛罗伦萨大教堂钟楼创作的浮雕作品，展示了语法学习的严肃场景

三 与佛罗伦萨人同行

这位导师向自己儿子利奥纳多（Lionardo）——天才米开朗基罗的哥哥放高利贷。最终卡纳奇被认定有罪，罚金20弗罗林，并处以囚禁，缓期执行。

佛罗伦萨大学的教师也是等级分明的，法学教师位于金字塔顶端，据说几年前他们的平均年收入就已高达440弗罗林；修辞和诗歌教师每年收入大约为330弗罗林；教会法和医学教师每年收入约为

一位教师正端坐在桌前认真授课，但他的学生们似乎心有旁骛

300弗罗林，而讲授基本语法的教师，平均每年只能到手120弗罗林。很多课程内容涉猎甚广，比如星相学既教天文学知识，还教占星术，而矿物学课程包括炼金术和化学知识。关于大学入学年龄没有特别的限制，有些大学生刚满15岁。

洛伦佐积极支持比萨大学开展法学、医学和神学研究，很大一部分原因是想让脑瓜活络的律师和神学家远离佛罗伦萨。那位咄咄逼人的法学家弗朗西斯科·法尔福（Francesco Filelfo）与祖父科西莫之间的过节令洛伦佐耿耿于怀，法尔福终身执教于佛罗伦萨大学，但他却在《流放书》（*Book of Exile*）中称美第奇家族是放高利贷的，将他们丑化成魔鬼的赞助人。

印刷术在佛罗伦萨是新生技术，第一本印刷书籍出现也不过二十年。这项复杂的技术令人大开眼界，通过快速变换可移动的字母，便可迅速组合成大量不同单词，堪称惊人的历史进步。那些费力誊抄经卷的僧侣们将和他们的高档鹅毛笔一道，很快被时代淘汰。你可以去卡利马拉街或城外圣雅各布·迪·里波利修道院（San Jacopo di Ripoli）造访印刷工坊，不难理解修道院工坊印制的大多是赞诗、颂歌和宗教宣传品，不过为了显示胸襟，这里也会印制《柏拉图对话录》（Platonic dialogues）。

禁忌之恋

> 我们是快乐的年轻人，心无羁绊只想纵情享受人生，从来没有想过娶老婆这件事，没有婚姻束缚的人总是可以做任何想做的事。
>
> ——安东弗朗西斯科·格施辛尼（Antonfrancesco Grazzini）

> 这些少年小时候俊俏可人，诱惑丈夫远离妻子，长大后英姿潇洒，又诱惑妻子远离了丈夫，可真是太折辱人了。
>
> ——尼科洛·马基雅维利（Niccolò Machiavelli）引述卡斯特鲁乔·卡斯特拉卡尼（Castruccio Castracani）讲的笑话

黄昏时分，如果你在外面遇到亢奋的年轻人请一定小心，这些家伙很可能没干好事。佛罗伦萨是声名昭著的同性恋之都，至少在值夜官眼中毫不夸张。佛罗伦萨专门设立了这一机构来扫灭同性恋,此部门被当地人戏称为"臭虫部门"。半个世纪以来,值夜官尽责卖力地工作,控诉犯有鸡奸罪的年轻人。政府会向自首者提供免予起诉的机会,因为在佛罗伦萨这种情况实在太普遍了,自首者不乏其人,每年因此惹上官司的有四百余人,其中会有四十多人受到相应惩罚。

除了苛刻的罚金,惩罚还包括各种形式的人身羞辱。有的被责以枷锁示众,有的被判骑着毛驴(传统的耻辱象征)在街头或老市场的石柱边接受鞭笞。有些可怜的家伙会被戴上写有"sodomita"(鸡奸犯)或字母"B"(buggerone,意指谎话精)的愚蠢帽子。前不久还有两个年轻人被逼着一丝不挂地游街,他们手捧着蜡烛,前往圣母教堂祈求宽恕。

严厉的惩罚丝毫挡不住同性恋情侣们炽烈的情意,大大小小的教堂常被当作幽会的场所,舞蹈和击剑学校也是年轻健儿们训练后的著名约会地点。如果你在晚上穿行维琪奥桥,就会看到穿着天鹅绒衣服或绸衣的英俊青年络绎不绝地走进马赞蒂兄弟肉店。在维琪奥桥附近的布科酒馆,以及老市场到罗萨门路之间的佩里奇艾街(via dei Pellicciai)有很多不甚讲究的粗野男子,他们每晚在这些地方"狩猎",夺走年轻人的帽子或斗篷,这一行为往往被视为对同性恋恋情的允诺。

如果你无法容忍此景,可以前往大教堂、圣彼尔·谢拉吉奥教堂(San Piero Scheraggio)以及圣弥额尔教堂,那里都设有信箱接收对相关罪行的控告。

司法机构

> *傲慢、贪婪、背叛、欺骗、荒淫、寡恩,此人名叫波纳科索·迪·拉波·乔瓦尼(Bonaccorso di Lapo Giovanni)。*
> ——波德斯塔宫一名被处决罪犯碑文

佛罗伦萨人忠告,在这儿不要做违法之事。城市的司法机构多如牛毛,来这里不几天,你就会见到执法者们四处搜捕,妓女被当街鞭笞,甚至还可能遇上处决场面。金融行会(Arte del Cambio)法院处理财务相关纠纷,而亵渎上帝等罪行则会交由宗教裁判所裁处。

波德斯塔宫负责审判更为严重的罪行,这个制裁所位于巴迪亚教堂对面,任何步入森严大门的人都罪行不浅。首先映入眼帘的巨大壁画描绘了罪犯饱受魔鬼折磨的惨状,壁画下方载明了令他们深堕地狱的罪行。桑德罗·波提切利(Sandro Botticelli)最近在这里绘制了帕齐家族阴谋者群像,画像下面是洛伦佐·德·美第奇亲自撰写的控诉铭文。据说吊刑(strappado)是最残酷也最常见的拷问方式,犯人的手臂被紧紧绑在身后,然后被高高吊起,一次又一次地狠狠坠向地面,直到筋骨寸断。面对这种酷刑,没有人还能嘴硬,很快就会认罪服法,如今你偶尔会在街头见到这种酷刑下的某个幸存者拖着残躯佝偻走过。

佛罗伦萨人谈到司法体系时会避免提起这些可怕的机构,他们更愿意介绍城市里公正的法庭。为了防止贿赂、包庇现象,佛罗伦萨采取了很多措施将法官与民众分离开来，规定重要的法官职务不得由当地市民担任，每位法官的任期也仅有短短一年。有关公正的话题非常敏感，理论上佛罗伦萨人无论贫富贵贱在法律面前一律平等，但实际上富人和穷人适用的法律显然大不相同。在托斯卡纳游历时你会遇到很多流放者，他们绘声绘色地爆料着各种黑幕，其中就有贿赂官员、收买证人的传闻逸事，犯事的富人还可以藏匿起来，直到他们的家人找路子撤销刑罚。

智慧与诙谐

最好先禁止他们玩灌铅的骰子。
——科西莫·德·美第奇对禁止修道士赌博条令的讽刺评论

佛罗伦萨人最喜欢快活畅意地聊天，不论政治风云还是集市鱼价，他们都能侃侃而谈。牙尖齿利、言语刻薄是佛罗伦萨人的普遍特点，他们以打趣嘲讽身边人为乐。不只是在佛罗伦萨，整个托斯卡纳地区都流行一语双关的说话方式，美第奇家族的弄臣马特奥·弗兰科（Matteo Franco）就戏谑地称呼路易吉·普尔奇（Luigi Pulci）是"美第奇徽章上的虱子"（pulci 有虱子的意思）。

"跟托斯卡纳人打交道，大大咧咧可不行。"这句俗话透露了当地人的生活态度。谨慎的佛罗伦萨人诠释了"善其后者慎其先"的奥义。科西莫·德·美第奇在晚年病入膏肓的日子里，妻子问他为什么静坐时一直闭着眼睛，科西莫回答"为了训练它们适应永远闭上"。佛罗伦萨人很喜欢科西莫这种接地气的冷幽默，

> **佛罗伦萨格言**
>
> 忧郁的人似乎"将灵魂关在了牙齿后面"。
>
> 自鸣得意的家伙看起来"像通心粉水一样厚重"。
>
> 有位暴躁的妻子骂丈夫是头蠢驴,她的丈夫回答:"如果你是头公牛不是母牛,那我们挨着圣家族站在马厩里再合适不过了。"(《圣经》说公元1世纪耶稣诞生在伯利恒的马槽边,一旁就站立着公牛和驴子。——译者注)
>
> "他的毅力还没兔子尾巴长"。
>
> 想破坏一桩生意"不停插科打诨就行了"。
>
> 把问题复杂化就像"势必要在羊身上要找到第五条腿"。
>
> 仇恨某个邻居,想"把他的舌头从喉咙底部连根拔起"。
>
> 对容易上当的可怜虫说,"过去的好日子里,山羊都穿着木鞋"。
>
> "千鸟在林,不如一鸟在手"。
>
> 形容忙忙碌碌却毫无所获的人,"像一头驮着酒却喝着水的驴子"。
>
> 高兴时,他们说"天降甘霖"。
>
> 做事犹豫的人总是"盘旋不前""绞尽脑汁"。
>
> 害怕时间流逝的人会说,"别指望我手里攥满飞蝇,那会加速我的离开"。
>
> 他们形容生气的人"把耐心留在了脚后跟"。
>
> 形容做无用功的人是"浇水入泥""清洗土砖"。

他们非常反感自负傲慢的做派。一个名叫菲拉雷特(Filarete)的传令官总喜欢当众发号施令,他在领主宫和一个女孩行苟且之事时被当场抓了现行,沦为巨大笑柄。

四 政治家、画家、哲学家和雇佣兵

佛罗伦萨政制&美第奇家族&帕齐阴谋&寻访佛罗伦萨名人&雇佣兵与战争的艺术

佛罗伦萨政制

> 至少在执政团有过一次参政经历,才能称其为男人。
> ——弗朗切斯科·圭恰迪尼(Francesco Guicciardini)

> 这几天收到准正义旗手的信比一年里任何时间都多。
> ——洛伦佐·德·美第奇向执政团抱怨某次选举

你和佛罗伦萨人聊天时,会很快感受到他们对政治的痴迷,有时候甚至除此之外别无可聊。如果你想听明白其中的运作体系,那就得全神贯注,因为佛罗伦萨的政制复杂到难以想象。领主宫也被称为议会宫(Palazzodei Priori),是佛罗伦萨执政团驻地,宫殿上方耸立着城里最高的塔楼。

执政团设有八名执政官(四个城区每区两名)和一位正义旗手(Gonfaloniere)。执政团成员每天在领主宫举行会议,他们的任期仅有两个月,因此你可能还没把他们认全,新的成员就已经接任。

更复杂的是,执政团之外还设有顾问团,包括任期三个月的"十二贤人团"(Buonomini)和任期四个月由各旗区(gonfalons)

代表组成的"十六旗手团"。除此之外,还有执掌城市不同权力的各种委员会,其中最重要的是紧急时刻组成的"十人战争委员会"(Committee of War)和负责监测、防范颠覆城邦阴谋的"八人安全委员会"(Security Committee)。

佛罗伦萨政府每年有3000多个职位需要轮换,数量惊人,但只有男性才有资格参加竞选。最重要的执政团候选人必须出身某个行会,而且没有背负任何债务。如果候选人曾经担任过这一公职,再次参选必须要间隔三年。贵族被法律排除在外,不得参加选举。佛罗伦萨的选举制度异常复杂,总共有三级选举审查体系:首先由50人组成的选举团产生选举委员会(accoppiatori),选举委员会再对执政团候选人的资格进行仔细审查,最后从放有合格候选人名字的选举袋(borsa)中随机抽签选出正式人选。

钟楼傲立、壁垒森严的领主宫是整座城市的政治中心

如此烦琐的选举体系,目的就是确保佛罗伦萨最显贵家族能够控制执政团,他们知道政治操控的关键在于控制选举袋里的名字。提起佛罗伦萨最显贵的家族,你很快就会清楚指的是人人挂在嘴边的美第奇家族。事实

四　政治家、画家、哲学家和雇佣兵

上，如果你希望更透彻地了解佛罗伦萨政治，与其关注领主宫发生的那些琐事，不如更多地走近洛伦佐·德·美第奇，我们可以通过快速回顾美第奇家族的历史来理解他在这座城市扮演的重要角色。

美第奇家族

> 如果佛罗伦萨需要统治者，没有比洛伦佐更优秀、更合适的人选了。
>
> ——弗朗切斯科·圭恰迪尼对洛伦佐·德·美第奇的评价

> 洛伦佐是天生的领袖，他阅历丰富，务实开拓，在各个方面都毫不逊色于他的祖父科西莫……当他发现民众意志消沉、萎靡退缩时，我深信他将以一己之力振奋人民精神……坚定地扛起公众尊严，将权力与权威集于一身，最终比肩尤利乌斯·恺撒成为共和国之主。
>
> ——阿拉曼诺·里努奇尼（Alamanno Rinuccini）

之前我们已经介绍过美第奇家族，如果你想真正理解佛罗伦萨的现状，美第奇家族史是绕不开的必修课。这并不是一个特别古老的家族（当然美第奇家族自己的说法恰恰相反），但是得益于家族银行业带来的巨额利润，在不到百年的时间里迅速实现了对政治权力的收买掌控。这当然离不开精微的政治艺术，美第奇家族的优秀成员遍布城市各个委员会，但每个委员会中美第奇家族成员的人数绝不会超过其他家族。科西莫是洛伦佐的祖父和偶像，他曾三度担任正义旗手，但他也非常清楚，只有控制住民众的钱袋子才能真正掌控权力，他通过公共财政委员会对公职竞选人的财务状况进行审查。这样一来，科西莫就可以向自己的债务人施压，确保他们将选票投给美第奇一党。

洛伦佐同样精于此道，他根据自己意图娴熟地操控政局，增加了紧急委员会巴利阿（Balie）的任期和权力，这样就可以把亲信都安排进去。为了确保万无一失，所有重大政治决策都以举手表决代替抽签，这就使反对美第奇党羽的人不得不公开表明态度并承担相应后果。

尽管洛伦佐本人并不认可，但外邦国君都视他为佛罗伦萨的政府首脑，并派遣使臣拜访坐落于城市中央的美第奇宫。美第奇会邀请重要的客人留宿宫中，而这些幸运贵宾将得到盛情款待。1439 年佛罗伦萨大公会议期间，洛伦佐的祖父科西莫隆重招待

美第奇小球

无论身处佛罗伦萨何方，在城市公共建筑上总能看到显眼的"美第奇小球"。为了颂扬家族的光荣起源，美第奇家族宣称，他们的先祖曾手持盾牌英勇地手戳巨人，而这些小球是巨人的棍棒砸中盾牌形成的凹痕。

关于小球的起源，还流传着两种不很讨喜的说法。

一种说法认为，这些小球实际上代表硬币，暗指美第奇家族兴起于典当生意，美第奇家族一直有意淡化这个不怎么体面的源头。另一种比较可信的说法是，这些小球是药丸，象征美第奇家族起源于药剂师（medics），后来发展壮大成美第奇（Medici）大家族。

无处不在的美第奇小球徽标几乎取代了传统的城市标志——百合花与雄狮，不过谈起这些小球的起源，还是要当心美第奇家族支持者们的敏感神经。

四 政治家、画家、哲学家和雇佣兵

教皇和拜占庭君主的情景至今令人记忆犹新。毋庸置疑,密谋推翻佛罗伦萨政府的帕齐家族也将刺杀美第奇家族两位领袖——洛伦佐及其弟朱利亚诺(Giuliano)视为首要任务。

帕齐阴谋

佛罗伦萨另一个银行业巨头帕齐家族在十二年前差一点儿就推翻宿敌美第奇家族的统治,虽然这一事件过去多年,但影响持续至今。

1478年复活节,洛伦佐的弟弟朱利亚诺在佛罗伦萨大教堂祭坛前被刺身亡,洛伦佐也被刺中了脖子(因为担心匕首有毒,一位勇敢的朋友马上为他吮吸处理了伤口)。帕齐阴谋主要参与者之一大主教萨尔维阿蒂(Salviati)在图谋夺取领主宫时同样遭遇失败,正在享用晚餐的执政团成员感到他神色可疑,于是迅速起身占领并锁闭钟楼,同时鸣响了警钟。

大发雷霆的洛伦佐展开了残忍的清算,帕齐家族的大部分男性、大主教以及两个执行刺杀行动的教士全被处死(两名教士先被割掉鼻子、耳朵,又饱受折磨后方得受死)。他还下令将帕齐家族的一切印迹从佛罗伦萨彻底抹除,以这个家族命名的街道甚至也被更名。

尽管洛伦佐的权力非常稳固,但他对刺杀仍心有余悸,当他走上街头时,会严实包裹着宽大的绛紫色兜帽披风。一队身披斗篷、全副武装的随从如影随形,这些人外形彪悍硬朗,很符合"黑马丁"或"狂战士安德烈"的外号。一个叫作萨尔瓦拉利奥（Salvalaglio，意为蒜罐子）的皮斯托亚打手挥舞利剑，走在队伍最前头。

寻访佛罗伦萨名人

> 佛罗伦萨滋养了最伟大的心灵，不管是纵横沙场还是投身政界，抑或是醉心哲学、经营商业，佛罗伦萨人很轻松地远胜所有人士。
>
> ——列奥纳多·布鲁尼

或许你在街头漫步时已经见到了城市的许多杰出人物，他们是意大利最有才干、最富天分的杰出代表，让我们一起去寻访这些盛名远播海外的先生们和女士们吧。

洛伦佐·德·美第奇（生于1450年）

> （洛伦佐）一个手势就能让民众听命于他。
>
> ——皮耶罗·帕伦蒂（Piero Parenti）

洛伦佐今年40岁，已驾驭佛罗伦萨政坛21年。他身材高大，皮肤黝黑，智慧过人，有着惊人的记忆力和准确的判断力，同胞民众无不对其心怀敬畏。尽管洛伦佐长着又扁又平的大鼻子，脸颊还向内凹陷，声音也沙哑难听，但任何见过他的人都能迅速被其超凡的个人魅力和独特的谈话艺术所征服，威尼斯大使曾说："他还没开口，眼睛仿佛已经开始与你交谈。"

四 政治家、画家、哲学家和雇佣兵

洛伦佐多才多艺，拥有出众的音乐天赋，创作了大量歌颂爱情和快乐乡村生活的诗歌。他还是很多顶尖艺术家、学者、诗人的朋友和赞助者，因此洛伦佐也成为佛罗伦萨文化鼎盛时期的核心人物，被称为"伟大的洛伦佐"（il Magnifico）。

"帕齐阴谋"纪念章，上面印有朱利亚诺·德·美第奇的头像

洛伦佐如今健康状况大不如前，这位领袖饱受哮喘、痛风和关节炎症折磨，再不能像往日那样骑着心爱的骏马"黑樱桃"（Morello）驰骋狩猎，他最喜爱的波焦阿卡伊亚诺（Poggio a Caiano）庄园也很难再见到主人魁梧的身影。

菲利波·斯特罗齐（Filippo Strozzi，生于 1428 年）

作为成功的商人银行家，菲利波是佛罗伦萨最富有的人之一。在众多豪门显贵中，菲利波是少有的几位深受洛伦佐信赖之人，受帕齐阴谋影响，1479 年洛伦佐在冒险前往那不勒斯和谈前，就委派菲利波先行拜会那位反复无常的国王费兰特（King Ferrante）。

菲利波的个性非常隐忍，他是有名的艺术赞助者，三年前曾委托菲利皮诺·利皮（Filippino Lippi）为新圣母玛利亚教堂的家族礼拜堂绘制壁画，但当他意识到洛伦佐急于取悦枢机主教卡拉法（Cardinal Carafa）并希望利皮前往罗马效劳时，菲利波非常得体地接受了这一决定。他明白，没有任何事情比跟洛伦佐交好更重要，不久之前他甚至借给洛伦佐 9000 弗罗林的巨款。

菲利波有着媲美其财富的雄心，他委托贝内代托·达·马亚诺（Benedetto da Maiano）在佛罗伦萨最时髦的托纳波尼大街建造了全城最宏伟的宫殿。

列奥纳多·达·芬奇（生于 1452 年）

> 尊敬的公爵大人，我可以为您献上本人的秘密发明，如果您感兴趣，我可以将它们付诸实践……大理石、青铜、陶土雕塑对我而言都不在话下，至于绘画，本人更是不逊于任何人。
>
> ——达·芬奇致米兰公爵鲁多维科·斯福扎（Ludovico Sforza）的自荐信

朱利亚诺·达·桑迦洛（Giuliano da Sangallo）设计的斯特罗齐宫正立面。尽管尚未完工，但它已经成为佛罗伦萨规模最大、造价最高的宫殿

四 政治家、画家、哲学家和雇佣兵

遗憾的是,你很难在佛罗伦萨见到达·芬奇,他现在定居米兰。他可是当今最聪明的佛罗伦萨人,因此不要错过他偶尔回家乡小住的相会机缘。

达·芬奇比洛伦佐小两岁,他们都深受同胞爱戴,但二人交往并不密切,或许是出于嫉妒,洛伦佐毫无延揽这位天才同胞荣归故里的打算。作为公证员与农妇的

列奥纳多·达·芬奇绘制的眼睛、脑部画稿展示了他不可思议的解剖学知识

私生子,达·芬奇完全是依靠个人奋斗成就了自我,他最初跟随画家、雕塑家韦罗基奥学习,很快就青出于蓝。达·芬奇相貌英俊、体态优雅,极具个人魅力。他似乎非常享受笼罩在特有的神秘感之中,没有任何佛罗伦萨人敢声称真正了解这位天才。列奥纳多习惯反向书写,只有通过镜子才能辨识他的手稿;他设计了很多令人匪夷所思的机械,看上去有的可以上天,有的可以潜入水底。他还不可思议地绘制了未出生胎儿的形象和自然灾害画面。

佛罗伦萨人一直信奉"人是万物的尺度"这一论断,而文艺全才达·芬奇是最佳例证。

马尔西里奥·菲奇诺（Marsilio Ficino，生于 1433 年）

佛罗伦萨造就了很多伟大的哲学家，他们对知识的探究堪称在危险边缘试探。作为佛罗伦萨最伟大的哲学先驱，马尔西里奥·菲奇诺担任了洛伦佐的老师，而且也是新柏拉图主义中心——佛罗伦萨学院的领袖。这个学院一直试图将基督教与古希腊哲学有机融合，事实上马尔西里奥已经把古希腊哲学的代表——柏拉图经典著作全部翻译成了拉丁文，每年 11 月 7 日学院还会举办宴会庆祝柏拉图诞辰，马尔西里奥的高徒洛伦佐就是宴会常客。

顶尖哲学家马尔西里奥·菲奇诺的半身像，怀抱他珍爱的柏拉图著作

马尔西里奥的身高只有 1.5 米左右，他长着大鼻子和尖下巴，手臂修长优雅。出人意料的是，他还担任着神职，但是教会对他的思想始终高度疑虑，还曾攻击他关于星象和魔法的研究。幸运的是马尔西里奥从来没有受到异端邪说的指控。

皮科·德拉·米兰多拉（Pico Della Mirandola，生于 1463 年）

现在让我们来看看马尔西里奥最杰出学生的命运吧。在继承老师衣钵的年轻一代中，皮科可称得上是佛罗伦萨最优秀的哲学家，也是洛伦佐的挚友。他出生在费拉拉（Ferrara）附近一个贵族家庭，精通拉丁语、希腊语、希伯来语和阿拉伯语。皮科相貌迷人，身材修长而健硕，感情经历却颇为复杂，他曾因试图与洛伦佐的一个表亲私奔而被打伤并身陷囹圄，这也成为见证他魅力的时刻，不久后洛伦佐就亲自下令释放了他。

最近，皮科又因新出版的著作《论题》（Theses）而陷入麻烦，他在书中试图将包括魔法和神秘学在内的所有哲学体系融合为一个集大成的综合体，还摆下擂台与各路学者论战。这种激进的行为终于招致教会的愤怒，教皇钦定他的理论为异端邪说。皮科为了逃避教皇的审判官仓皇逃到法国，但在教皇英诺森八世（Innocent VIII）的命令下最终遭到逮捕。后来又是在洛伦佐亲自斡旋下，皮科得以获释，如今受到美第奇家族的庇护，皮科在菲耶索莱的一处乡间别墅过着平静的生活。

桑德罗·波提切利（生于 1444 年）

桑德罗是意大利最擅长刻画女性之美的画家，他笔下的人物细腻秀美，温婉动人。桑德罗眼眸明亮而深邃，嘴唇丰厚，下巴紧实，修长俊逸的脸上充满灵气。令人颇感意外的是，他用了那么多时间描绘女性风姿绰约的胴体，却羞于与她们交往。

和其他人一样，桑德罗也受到新柏拉图主义影响，他创作的系列维纳斯画像追求清新自然的风格，引起巨大轰动。无论描绘衣装典雅的圣母还是胴体秀美的维纳斯，桑德罗都喜欢以容貌脱俗的模特为原型，这也引起狂热宗教徒的不满。桑德罗可能很在意这些批评，这位画家非常虔诚，人们经常可以在狂热修士萨伏那洛拉讲经布道的现场看到桑德罗的身影。萨伏那洛拉对裸体人像深恶痛绝，因此如果你想见到桑德罗最优秀的作品，恐怕只能到佛罗伦萨以外的地方寻访了。

多梅尼哥·基尔兰达约（生于1449年）

如果想找人给妻子或女儿画像，当然是穿着衣服那种，多梅尼哥·基尔兰达约绝对是不二人选。他起初跟金匠学习手艺，如今已专心从事绘画行业，而且是佛罗伦萨最受欢迎的艺术家。他在新圣

艺术家的艺名和绰号

很多优秀艺术家的名字长得简直令人头痛，因此人们通常以绰号称呼他们。

波提切利本名亚历山德罗·迪·马亚诺·迪·万尼·费利佩皮（Alessandro di Mariano di Vanni Filipepi），他的哥哥乔瓦尼肚子圆滚滚像大桶一样，"波提切利"是"小桶"的意思。

多梅尼哥·迪·托马索·库拉迪·迪·多佛（Domenico di Tommaso Curradi di Doffo）喜欢为作品中的人物画上花环一样的项链以增强美感，因此他被冠以"花环匠"（ghirlandaio）的艺名。

弗拉·安杰利科（Fra Angelico）原名弗拉·乔万尼·达·菲耶索莱（Fra Giovanni da Fiesole），"天使般的虔诚修士"这一称号源于他圣洁的生活方式，以及作品中展现的纯洁与虔诚。

马萨乔（Masaccio）本名托马索·卡塞或托马索·迪·塞尔·乔瓦尼·迪·蒙特（Tommaso Cassaior Tommaso di Ser Giovanni di Monte），"马萨乔"的意思是胖子、懒人或邋遢猫，这似乎掩盖了他在佛罗伦萨作品的伟大光芒。

本名多纳托·迪·尼科洛·迪·贝特·巴蒂（Donato di Niccolo di Betto Bardi）的多纳泰罗，他名字的意思是"小多纳托"，这个绰号似乎与这位青铜、大理石雕塑巨匠不怎么般配。

四 政治家、画家、哲学家和雇佣兵

母玛利亚教堂和圣三一教堂创作的系列壁画蜚声遐迩，是当地的必看景点之一。多梅尼哥的画中有很多佛罗伦萨当代杰出人物形象，你不妨把他的壁画当成佛罗伦萨名人百科认真辨别，以免在街头错过。

为了应对纷至沓来的创作委托，多梅尼哥组建了一个颇具规模且运行高效的画家工坊，他的两个弟弟戴维（David）、贝尼代托（Benedetto）和妹夫塞巴斯蒂亚诺·马纳尔迪（Sebastiano Mainardi）都是重要帮手。

吉内薇拉·德·班琪（Ginevra de' Benci，生于1457年）

吉内薇拉以美貌和智慧闻名遐迩，被视为佛罗伦萨女性的典范。1474年，这位贵族名媛嫁给了路易吉·尼可里尼（Luigi Niccolini），达·芬奇亲自为她创作画像作为祝贺，这也是他在家乡为数不多的作品之一。基尔兰达约在新圣母玛利亚教堂壁画作品《圣母探访》（*Visitation*）中也将吉内薇拉作为了其中一个人物原型。

雇佣兵与战争的艺术

> 意大利的武装不是在某些小国君主手中，就是掌握在那些无家无国之徒手里。对于小国君主而言，他们并不会为荣誉而战，只希望保护财产和国家安全。而对于那些没有家国之人来说，他们别无所长，自打娘胎

里出来就为了战场接受训练，他们随时愿意为了金钱或者荣誉加入战争。

——尼科洛·马基雅维利

战争充满危险，阻滞贸易，涂炭生灵，是风险巨大的买卖。佛罗伦萨人认为最好的方式是雇用专业人士代表己方战斗，这也是意大利人普遍认同的观点。

这里从来不缺随时可以战斗的士兵，他们的首领雇佣兵队长（condottieri）是当今时代最出名的人物。费德里科·达·蒙特费尔特罗在不久前还掌控着佛罗伦萨军队的指挥权，他是一位手握实权的人物，在乌尔比诺（Urbino）山间建有豪华的城堡，里面塞满价值连城的艺术品。为了筹集足够的金钱，费德里科随时准备走上战场，他曾在1472年受洛伦佐雇用，指挥佛罗伦萨军队残暴地洗劫沃尔泰拉（Volterra），解决两地因明矾矿（矿物染料，对佛罗伦萨赖以昌盛的印染行业具有关键意义）产生的纷争。然而，尽管他与洛伦佐关系如此密切，费德里科却也是帕齐阴谋的幕后支持者之一。

这说明雇佣兵是最不可靠的一个群体，他们完全为金钱而战，对雇主毫无忠诚可言，随时可以改变立场。身披甲衣骑着高头大马的雇佣兵们看起来似乎颇有气势，但是他们不会在战场上流任何一滴血，对于他们而言，战争只是一种挣钱方式而已，如果不雇用这些人，就需要组织民众成立民兵队伍。

在洛伦佐·德·美第奇的治理下，所有来到佛罗伦萨的人都安全感十足，当地人常听到他们感叹如今是访问佛罗伦萨最好的时期，这里拥有前所未有的和平与安定。实际上洛伦佐为了维持大好局面耗费了大量心力，他非常清楚意大利境外战况惨烈，都声称拥有那不勒斯王国治权的查理八世和阿拉贡国王费迪南德早就对意大利觊觎已久。面对列强入侵，洛伦佐深知佛罗伦萨的弱小军队根本不堪一击。

五 必游胜地

佛罗伦萨大教堂&钟楼和洗礼堂&领主广场&圣弥额尔教堂&斯特罗齐宫与圣三一教堂&新圣母玛利亚教堂&美第奇宫&圣洛伦佐教堂&圣马可修道院&圣十字教堂和帕齐礼拜堂&维琪奥桥&布兰卡契小堂、圣灵教堂与皮蒂宫

> 这是一个黄金时代,诗歌、雄辩、绘画、雕塑、音乐和里尔琴(Lyre)吟唱这些本已近乎绝迹的人文学科又重新荣光,而这一切都仰赖佛罗伦萨!
>
> ——马尔西里奥·菲奇诺

> 不仅在基督教国家,放眼整个世界,佛罗伦萨都堪称最为富足和美丽的城市。
>
> ——乔瓦尼·鲁切莱(Giovanni Rucellai)

佛罗伦萨人非常乐意带你参观城市里的著名景点,他们由衷地为生逢佛罗伦萨盛世而自豪。同胞创作的艺术杰作将这里造就成一座新罗马城,超越了古代文明的辉煌光芒。在很多建筑和艺术品委托合约里,专门强调只有一个标准——尽善尽美(più bello che si può)。

佛罗伦萨大教堂

> (布鲁内莱斯基大穹顶)秀影庇荫着所有托斯卡纳人。
>
> ——摘自阿尔伯蒂《论绘画》(Della Pittura)

教皇尤金四世（Pope Eugenius Ⅵ）：就是这个小个子胆敢让全世界围着他转吗？
布鲁内莱斯基：尊敬的教皇陛下，只要您给我的杠杆一个支点，就能见识我的能耐。

到佛罗伦萨游览的第一个地方自然是主教堂广场（Piazza del Duomo），被市民称为主教堂（Duomo）的著名的花之圣母玛利亚大教堂（Santa Mariadel Fiore）、洗礼堂和钟塔（campanile）都坐落在这里。三座建筑共同俯瞰着广场，形成了辉煌的景观带。佛罗伦萨人喜欢晚上来这里一边散步、一边交流各种逸事。

在佛罗伦萨的任何地方几乎都能看到大教堂上著名的布鲁内莱斯基大穹顶，它昂然凌驾于城市建筑群之上，佛罗伦萨民众无不引以为傲。大穹顶位于教堂中殿的十字交叉点上，因跨度惊人，最长达到42米，一度令所有建筑师一筹莫展。布鲁内莱斯

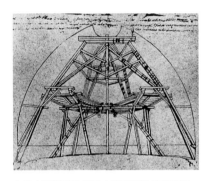

布鲁内莱斯基为搭建大穹顶设计的拱鹰架，这个辅助设施本身就是一件工程学杰作

基创造性地提出了一个简洁又智慧的解决方案。他设计的穹顶采用内外双层拱壳结构，两层拱壳之间为空心夹层，肋状骨架配合水平环砌的砖石有效吸收了横向侧推力，既保证了穹顶稳固，又减轻了自重。

　　布鲁内莱斯基一直强调，建造大穹顶是他一个人的功绩，拒绝与共同担任建筑师的洛伦佐·吉贝尔蒂（Lorenzo Ghiberti）分享荣耀。佛罗伦萨人非常喜欢这段八卦，据说布鲁内莱斯基总是在大穹顶建造的关键时刻"恰巧生病"，而吉贝尔蒂无法理解他的复杂设计，整个工程只好中断，布鲁内莱斯基就会嘲笑对手只会夸夸其谈而毫无实才。1436年穹顶建设完成后，布鲁内莱斯基的支持者科西莫·德·美第奇运用影响力，说服教皇尤金四世亲临佛罗伦萨，为大教堂举办了盛大的祝圣仪式（Consecration）。布鲁内莱斯基还在大教堂正门用挡板、镜子和洗礼堂画像展示了线性透视画法的原理（布鲁内莱斯基根据透视原理画出洗礼堂及周边建筑景象，将这幅画摆在洗礼堂对面。他在这幅画上打了个小孔，在画的前面放一面镜子，人们从画作背后透过小孔看到了镜子里反射的画面。然后命人撤去镜子，人们发现突然出现在眼前的真实景象与刚才在镜子中看到的画像一模一样）。

　　高大的穹顶经常被雷电击中，迷信的佛罗伦萨人担心这是因

五 必游胜地

为直抵天国的穹顶过于雄伟，因此招致了上帝的怒火。那些不在意所谓天谴而且精力充沛的游客会选择登上布鲁内莱斯基大穹顶，得以尽览佛罗伦萨和环城群山的壮丽景致。

你会惊讶地发现大教堂里一些重要的艺术作品具有暴力色彩，比如保罗·乌切洛（Paolo Uccelo）创作的雇佣兵首领约翰·霍克伍德爵士（Sir John Hawkwood）画像就是其中之一。乌切洛以战胜汉尼拔（Hannibal）的古罗马将领费边·马克西姆斯（Fabius Maximus）为原型，将霍克伍德塑造成一

> **布鲁内莱斯基的天才创造**
>
> 在建造大穹顶过程中，布鲁内莱斯基发明了很多巧夺天工的机械装置，令佛罗伦萨人大开眼界。为了最大化利用工作时间，他甚至在穹顶上为工人们设计了一间小餐厅。
>
> 不过最令人赞叹不已的是他设计的牛力吊车，这座吊车可以将上百英尺的巨大条石轻松吊到空中。吊车的机械装置高度复杂，是转盘、齿轮和螺丝的精密组合。三个鼓盘取材于同一株高大坚实的榆木树，由比萨制造的绳索总长超过183米，重达454公斤。
>
> 反向齿轮是这套装置的最大特色，这也是反向齿轮在人类机械史上的首次亮相。通过切换齿轮，牛马等传统畜力只需绕着中杆沿同一方向转动，就可以实现吊篮与物资的自由升降。
>
> 据估计，在建造穹顶的过程中，这座吊车至少将7000万吨大理石、石子、砖块和陶土运到了高空穹顶。

位身跨战马高大威严的将军。但是请不要被这一表象迷惑，这个粗鲁的英国人是最残暴的雇佣兵首领之一，他死后一个世纪，当人们提起霍克伍德这个名字时仍不寒而栗。他指挥的"白色军团"（White Company）烧杀抢掠成性，长年在法兰西和意大利北部肆虐，所到之处一片焦土。这群雇佣兵擅长夜袭城镇，一旦破墙而

多纳泰罗创作的大教堂唱诗台浮雕,一群小天使在柱廊间无拘无束欢快地追逐嬉戏

入就杀掉男人、强奸女人,制造骚乱。面对这帮如此残暴的英国人,你就不奇怪为什么佛罗伦萨人坚决付钱以确保他们和自己一伙。

在高大的圣坛旁边有两座唱诗台,上面分别是多纳泰罗和卢卡·德拉·罗比亚以意大利孩子为原型创作的浮雕作品。奔跑跳跃的小天使无忧无虑地吹着小号,欢快地奏乐歌唱,不过这些纯真的天使也见证了前不久历史上最血腥的一幕,1478年复活节的星期天,帕齐阴谋最高潮的刺杀正是发生在这里。

钟楼和洗礼堂

说话呀,跟我说话呀,该死的!
——多纳泰罗向先知哈巴谷(Habakkuk)雕像呼喊

我的胜利得到了所有专家和竞争者的承认,这份殊荣

五 必游胜地

毋庸置疑归属于我。
　　——吉贝尔蒂关于洗礼堂铜门浮雕比赛胜选的说明

大教堂外就是钟楼,对天赋深信不疑的佛罗伦萨人认定天才画家乔托(Giotto)必定也拥有杰出的建筑才华,因此在1334年将钟楼的设计工作委托给了他。多纳泰罗为钟楼壁龛创作的先知雕像宛若真人,当地人走过光头先知哈巴谷雕像旁时总会向他致意,如同老朋友一般亲切地叫他"大南瓜"(Lo Zuccone)。

洗礼堂紧挨着大教堂,如果跟当地人谈到它的历史,他们会自豪地告诉你这座洗礼堂最初是献给战神的罗马神庙,查理大帝曾亲自将圣物"真十字架"赠奉于此。不过令当地人更津津乐道的是关于吉贝尔蒂与布鲁内莱斯基之间的"瑜亮之争"。1401年冬天,两位才华横溢的雕塑家都入围了制作洗礼

洗礼堂浮雕铜门竞赛的两个作品模型——布鲁内莱斯基(上)和吉贝尔蒂(下)关于"以撒献祭"(Sacrifice of Isaac)的设计,您更喜欢哪个呢?

堂第二扇浮雕铜门的竞赛者名单，资历更深的布鲁内莱斯基与年轻的吉贝尔蒂难分伯仲，后者最终以微弱优势胜出。本以为胜券在握的布鲁内莱斯基勃然大怒，从此放弃雕塑事业，转而投入建筑师生涯。

领主广场

> *拥据广场者拥据佛罗伦萨。*
> ——乔万尼·卡瓦尔康蒂（Giovanni Cavalcanti）

> *这群软弱无能的家伙，如果他们真对钱感兴趣，本可以得到 1 万弗罗林甚至更多。*
> ——科西莫·德·美第奇用 1800 弗罗林贿赂看守，重获自由

领主广场是佛罗伦萨民众生活的中心，窃贼也将这里当成"硕果累累"的"狩猎场"，因此务必多加小心。如果赶巧，你或许能在这儿看到一两场竞技锦标赛或战斗表演，这些活动一般都安排在特殊日子举办。

当地人记得有一次在种马群里放入了一匹发情期母马，广场上围观的人群兴奋到发狂。这里还驯养过两头狮子，因为狮子是佛罗伦萨的象征，所以它们很受欢迎。1331 年 7 月，其中一头母狮生下了两只狮宝宝，顿时引起全城轰动，佛罗伦萨人认为这是天大的吉兆，这些狮子如今惬意地生活在领主宫里。

这座威严雄伟的领主宫由阿诺尔夫迪·坎比奥（Arnolfodi Cambio）设计，自上世纪（14 世纪）起就是市政中心和政府所

在地。随着时代不同,领主宫曾先后被称为人民宫(Palazzo del Popolo)、议会宫(Palazzo dei Priori)和公爵府(Palazzo Ducale)等,这也折射了城市的政治变迁。美第奇家族同这座宫殿的关系颇为微妙,老科西莫对这里充满憎恶。1433年,他曾被囚禁在这座宫殿塔楼顶层的小屋里长达数月,由于害怕食物被下毒,他几乎不敢吃任何东西,最后想方设法贿赂政府并答应接受流放惩罚才最终获释。这段囚禁经历令他刻骨铭心,科西莫在结束流放返回佛罗伦萨后,迅速将权力中心转移到了自己家中。

领主宫外是一座L形的广场平台,演说家在这里发表宏论,因此这里也被称为讲演场(ringhiera)。这座平台也是执政官宣誓就职、发布重大声明和接待外国政要的地方。最近土耳其使节就是在这里递交了国书,还带来狮子、长颈鹿作为国礼,令佛罗伦萨人长了见识。不过这头可怜的长颈鹿显然不习惯佛罗伦萨硬朗坚实的建筑风格,不久就因为头部撞到了门楣而不幸死掉。

讲演场平台还会举办重大的宗教活动,你经常可以见到佛罗伦萨人来这里参加弥撒、聆听布道或瞻仰神圣遗存展示。在领主广场对过的雇佣兵凉廊,你可以一睹佛罗伦萨军队

> **城市标志**
>
> 1501年,新生的佛罗伦萨共和国决定委托米开朗基罗用大理石创作《大卫》(David)雕像,这座5.5米高的裸体英雄像迅速被佛罗伦萨人当作城市的象征。
>
> 1504年,雕像完成,40名强壮的工人花了整整四天时间才将其从大教堂工坊移到领主宫外的广场上。
>
> 高大的雕像令全体佛罗伦萨市民们都振奋不已,成为共和国抵御外敌入侵的守护神。

的风采，还有可能见到政府权要（甚至是洛伦佐·德·美第奇），有时处决人犯、宣布战争和缔结和约等活动也会在这里举行。广场另一侧是专门处理佛罗伦萨商人纠纷的商业法院宫，会在这里见到城里的很多优秀律师。

你如果能挤过领主宫前众多政治投机者以及为获得公职竞选资格而来纳税的市民，就可以进入宫殿内部参观。最近，最重要的百合花厅等地方都装饰了新壁画，包括基尔兰达约创作的罗马政治人物系列壁画，安东尼奥和皮耶罗·德尔·波拉约洛两兄弟（Antonio and Piero del Pollaiuolo）创作的《赫拉克勒斯的十二伟绩》（*Labours of Hercules*）。这些壁画意旨深远且不易创作，有些尖锐的批评家指出领主宫的政治主题壁画是洛伦佐刻意而为，实际是为了掩饰这座宫殿权力的没落。

高达94米的塔楼顶部悬挂着一座巨钟，因其低沉雄浑的钟声而被叫作"牛钟"。钟声响起，佛罗伦萨人就知道发生了紧急事件并前往广场聚集，公民大会将以举手表决的方式决议重大事项。

圣弥额尔教堂

圣弥额尔教堂曾是一座谷物市场，规模不大，但周边道路上总是挤满熙熙攘攘的人群，他们大多是准备前往附近行会总部的各行会成员。各大行会在这座教堂周边都建有宫殿，俯瞰着繁忙的教堂广场。这些行会还在教堂外的壁龛捐建了主保圣人雕像，兵器制造商行会就委托多纳泰罗创作了主保圣人圣乔治（St

George）像。栩栩如生的圣乔治身着戎装凝视远方，手中的长矛直指街道。羊毛商人捐建的施洗圣约翰雕像出自多纳泰罗的竞争者吉贝尔蒂之手，是16世纪第一座真人等身尺寸青铜雕塑。

洛伦佐是圣多马（St Thomas）的忠实崇拜者，他委托韦罗基奥创作了基督与圣多马（Christ and St Thomas）雕像，并在最近供奉到圣弥额尔教堂壁龛里。韦罗基奥已于数年前离世，他是一位杰出的画家和雕塑家。据说韦罗基奥看到自己的高徒达·芬奇创作的美丽天使后深受震撼，决定自此搁笔不再绘画。基督与圣多马雕像同样令来访的威尼斯人深受震撼，韦罗基奥收到威尼斯共和国的郑重委托，为雇佣兵首领巴托洛梅奥·科莱奥尼

大理石与青铜雕塑

佛罗伦萨的雕塑家对大理石和青铜材质都同样得心应手，实际上这两种材料都要求雕塑家具有高超的技艺水平。那些采自卡拉拉（Carrara）石场的巨大大理石材价格高昂，哪怕一丁点儿创作失误都会导致石材受损，这些雕塑家都很难承担损失。

铸造青铜雕塑使用"脱蜡"工艺，这个过程非常复杂而且充满风险。首先要将模具加热到极高的温度使蜡融化，然后倒入铜水铸造成型。青铜雕塑的价格远超大理石雕塑十倍之多，因此委托雕塑青铜作品也是赞助人雄厚财力的展示。

多纳泰罗为圣弥额尔教堂创作的圣乔治雕像宛若真人

（Bartolomeo Colleoni）制作一尊青铜骑马雕像。

如果不赶时间，你还可以到圣弥额尔教堂里参观美轮美奂的礼拜堂，这座礼拜堂是在"黑死病"浩劫之后由安德烈·奥尔卡尼亚（Andrea Orcagna）设计建造的。

斯特罗齐宫（Palazzo Strozzi）与圣三一教堂

> 我听说您正筹备建造一座宏伟的新宫殿，这一消息令人振奋。我还听闻家族一派繁荣局面，这让我更加关注到您所取得的成就和荣耀，整个家族同样为之深感荣光。
>
> ——罗伯特·斯特罗齐（Roberto Strozzi）致信亲戚菲利波

> 他们最近在拆除房屋……弄得街道尘土飞扬，遍地都是土石垃圾……人们路过时举步维艰。我们的店铺每天被这些尘土和扎堆围观的闲人所折磨，门口堵成一团的运货牲口更是令人闹心。
>
> ——卢卡·兰杜奇（Luca Landucci）1489 年 8 月 20 日的日记中记载的斯特罗齐宫兴建场面

如果你想见识佛罗伦萨顶级富豪和上层名流锦衣玉食的生活，可以前往高档商铺林立的托纳波尼大街。或许你还能见到银行巨头菲利波·斯特罗齐从宫殿出来，他打算将自己的豪宅建造成佛罗伦萨规模最大的宫殿，他还在附近的圣三一教堂购置了华美的家族礼拜堂。为了确保万事周全，1489 年 8 月 6 日，菲利波邀请一位有名的星象家和佛罗伦萨大主教共同参加了宫殿奠基仪式。斯特罗齐家族成员对这种浮夸招摇的场面备感骄傲,他们对菲利波大唱赞歌。宫殿墙外的精致铁环上拴着一匹瘦马,很可能是斯特罗齐家族乡下远亲的坐骑,他们也赶来这里见见世面。但周边居民对工程带来的一片混乱颇有微词,为了堵住悠悠众口,菲利波扩建了托纳波尼大街,并为圣玛利亚教堂(Santa Maria degli Ughi)捐建新立面,成功平息了非议。

沿着托纳波尼大街向阿尔诺河方向走不远就到了圣三一教堂,可以见到更多关于斯特罗齐家族雄心的展示。本世纪初,菲利波的先祖帕拉·斯特罗齐(Palla Strozzi)委托大师创作了两幅精美画作,现陈列在教堂圣器收藏

佛拉芒巨匠

基尔兰达约在圣三一教堂的祭坛画《耶稣诞生》(Nativity)显然受到了佛拉芒画派风格的影响。画中牧羊人形象真实质朴,其中一位就是画家自己。最近,佛拉芒画家雨果·凡·德尔·古斯(Hugo van der Goes)的三联祭坛画征服了包括基尔兰达约在内的很多佛罗伦萨艺术家。1483年5月28日,这幅比人还高的巨大祭坛画足足用了16个壮汉,才从圣弗雷迪亚诺城门护送到新圣母玛利亚医院旁边的圣埃吉迪奥教堂。这幅作品的委托人是美第奇银行布鲁日(Bruges)分行负责人托马索·波提那利(Tommaso Portinari)。中间主画是《牧羊人的崇拜》(Adoration of the Shepherds),两侧画板是委托人夫妇虔诚跪拜的形象。

佛罗伦萨的艺术家们对这么伟大的祭坛画出自一位从未听说过的佛拉芒画家之手感到极度震惊,他们惊叹于画作中真切生动的人物形象,被牧羊人奔向圣婴表达崇拜的象征手法与丰富细节深深吸引。作为佛拉芒画派的资深收藏家,令波提那利最引以为傲的是罗吉尔·凡·德尔·维登(Rogier van der Weyden)亲自为他绘制的肖像画,如今这幅画像正摆在自家宫殿里。

室里的两间相邻耳室。弗拉·安杰利科的画作《卸下圣体》(The Deposition)印证帕拉信仰的虔诚,而詹蒂莱·达·法布里亚诺(Gentile da Fabriano)的《三博士朝圣》(Adoration)则展示了他雄厚的财力,壁画中的东方三博士和随从身上都覆满了金箔。帕拉的高调终于引燃了老科

> 按道理,凡·德尔·高斯的三联画如此受欢迎,波提那利应该非常高兴,但他现在正怒火中烧,因为波提那利委托汉斯·梅姆林(Hans Memling)创作的第二幅佛拉芒三联祭坛画被汉萨同盟(Hanseatic)的商人侵占了。为了这幅祭坛画,波提那利还专门在菲耶索莱巴迪亚教堂购置了礼拜堂,这幅杰作本应在那里接受崇拜,大放荣光,但如今却被强置于千里之外的但泽大教堂(Danzig Cathedral)。

西莫的炉火,这位佛罗伦萨首富最后在流放中度过了余生,因此或许菲利波应该学着低调谨慎一些。

在圣三一教堂北侧的礼拜堂,你可以见到佛罗伦萨最受欢迎的画家多梅尼哥·基尔兰达约的壁画作品。这些壁画的委托人是美第奇银行家弗朗西斯科·萨塞蒂。虽然他不是称职的银行家,却堪称极称职的廷臣,他满怀谄媚地致信皮耶罗·德·美第奇:"我一切都来源于您,是您造就了我,我将与您生死相随。"基尔兰达约将大量佛罗伦萨当代人物都画进了作品中,而美第奇家族成员位于最显眼的位置。你一眼就可以认出长着标志性扁鼻子的洛伦佐·德·美第奇,身边站着谦卑的萨塞蒂。洛伦佐的儿子皮耶罗、乔凡尼和朱利亚诺跟随他们的导师安杰洛·波利齐亚诺(Angelo Poliziano)仿佛从一段通往圣三一广场的楼梯缓步走入画面。他们恰好刚刚见证了奇迹的发生,一名男孩从斯皮尼宫

(Spini)的窗户跌落身亡,此时圣方济各显像,使男孩死而复生。不幸的是,向美第奇家族表功献媚并没改善萨塞蒂的财务状况,美第奇银行里昂分行在这位银行家的精心经营下破产了,萨塞蒂也因此损失了一大笔财产,不久前郁郁而终。

新圣母玛利亚教堂

> 男人在这个世界上有两项大事:头等大事繁衍子孙,另外就是兴修土木。
> ——摘自乔瓦尼·鲁切莱的《回忆录》(Ricordanze)

> 新圣母玛利亚教堂的主礼拜堂正式开放了,唱诗班木椅都布满了精美的雕塑。乔瓦尼·托纳波尼还委托多梅尼哥·基尔兰达约为礼拜堂绘制了壁画,单是这些壁画就耗资1000弗罗林金币。
> ——摘自卢卡·兰杜奇《佛罗伦萨人日记》(Diario Fiorentino),1490年

多明我会的新圣母玛利亚大教堂位于佛罗伦萨西北城区,乔瓦尼·鲁切莱慷慨解囊,委托莱昂·巴蒂斯塔·阿尔伯蒂为这座教堂设计建造了正立面,在立面上方用大写字母显眼地刻着这位捐赠人的姓名。阿尔伯蒂最初因惊人的运动天赋而闻名(他能接连跃过十个人的头顶,将苹果扔过布鲁内莱斯基大穹顶)。但他的天赋显然不止于此,作为发明家,他拥有一间专门研究透视法视错觉的暗室;他还是伟大的古典文学家和作家,论述涉及绘画、航海绘图、数学和驯马等众多领域。

新圣母玛利亚教堂令人惊艳的正立面,这是佛罗伦萨最美丽的教堂正面之一

这座新古典风格的教堂立面令鲁切莱非常自豪,因为在佛罗伦萨的主要教堂中,这座立面堪称独一无二,毕竟就连美第奇家族的圣洛伦佐教堂正面也只是一堵光秃秃的砖石墙。教堂里的鲁切莱家族礼拜堂中还摆放着锡耶纳最伟大画家杜乔(Duccio)的宏伟祭坛画,它已经在这里被珍藏两百多年了。

在佛罗伦萨的任何地方美第奇都不会缺席,急于邀宠的城中新贵加斯帕雷·拉马(Guasparre Lama)委托波提切利以美第奇家族成员为原型,在新圣母玛利亚教堂创作了大型壁画《三博士朝圣》(Adoration of the Magi),波提切利也借此收入颇丰。但洛伦佐并没有被拉马所迷惑,前不久这位新贵被钱币兑换商协会认定犯有欺诈罪行。

主祭坛后方的主礼拜堂被城中另外一位银行巨头乔瓦尼·托纳波尼(Giovanni Tornabuoni)买走了(这位富商还有一个更重要的身份——洛伦佐的舅舅),这令鲁切莱和斯特罗齐家族颇为不满。托纳波尼还委托基尔兰达约以圣母玛利亚和施洗圣约翰生平为主题,创作了场面恢宏的主礼拜堂壁画,这项工程斥资1000弗罗林。

如同圣三一教堂的作品一样,基尔兰达约热衷将佛罗伦萨当代同胞人物画入系列故事作品中。仔细看约阿希姆(Joachim,

圣母玛利亚的父亲）被逐出圣殿这组壁画，旁观者中就有画家本人和弟弟的形象。在《施洗圣约翰诞生》中，洛伦佐的母亲即乔瓦尼·托纳波尼的妹妹卢克雷齐娅·托纳波尼（Lucrezia Tornabuoni）以助手形象出现在画中，她的女伴穿着最流行的天鹅绒服装，上面有精美刺绣，还镶嵌了珍珠和银饰。

基尔兰达约带着很多助手共同完成了这组规模庞大的壁画，其中就包括最具天赋的学生米开朗基罗。人们已经传开了，这个年轻人将来的成就很可能超越他的老师，这名青年的雕塑才华最近已崭露头角，他创作的一件仿古雕塑让鉴赏家们认为至少应该有一千年历史。

在一侧的耳堂里摆放着布鲁内莱斯基雕刻的木制十字架，他曾讥笑好友多纳泰罗为圣十字教堂雕刻的基督看起来像个农夫，因此决定和他来次友好的比赛。多纳泰罗看到布鲁内莱斯基作品的一刹那，就知道自己被远远超越，震惊之下将围兜里的午饭食材全都跌落了。布鲁内莱斯基被多纳泰罗的反应逗乐了，他看着满地摔得稀烂的鸡蛋、乳酪笑问："多纳泰罗，你打算怎么办？东西都撒了，我们等会儿午饭吃什么啊？"

这里还有两幅作品深受布鲁内莱斯基天才的透视画法启发，即马萨乔的壁画《圣三位一体》（Trinity）（据说画中的方格天花板可能是布鲁内莱斯基的一个建筑设计方案）和教堂西侧绿色回廊里保罗·乌切洛创作的壁画《创世记》（Deluge）。在《创世记》中，画家完美运用透视法刻画了挪亚方舟现身于滔天洪浪里、绝望众生面前的恢宏场景，据说乌切洛极度痴迷于透视画法，连妻子都无法说服他离开创作台回家睡觉。

新圣母玛利亚大教堂中马萨乔创作的壁画《圣三位一体》(Trinity),背景展现了宏伟的古罗马神庙风格

绿色回廊连接着美丽的小礼拜堂,里面的壁画作品《教会的胜利》(Triumph of the Church)令人印象深刻,画面中出现了黑白猎犬(象征传统信仰的忠诚卫士多明我会,在拉丁语中,Dominicans谐音domini canes,意为"主的猎犬")。多明我会的修道士们经常在这座礼拜堂聚会冥思,他们曾经掌管令人生畏的宗教裁判所,因此这组壁画的主题堪称恰如其分。绿色回廊另一侧是一座豪华套房,通往那里的台阶尽头矗立着多纳泰罗的大理石雕塑作品《徽章雄狮》(Marzocco)。七十年来,它默默见证了太多显贵访问这座教堂,教皇马丁五世(Martin V)、尤金四世,德国皇帝腓特烈三世以及丹麦国王克里斯蒂安都曾从它身边经过。

美第奇宫(Palazzo Medici)

> 我终于抵达了科西莫大公的雄伟官邸,见到了这里美丽的宫顶、耸峙的高墙、优雅的门窗,还有数不清的

五　必游胜地

> 房间与厅堂。装潢精致的书房里典籍浩瀚，庭院整洁雅致，每个房间都装饰着奢华的挂毯，摆放着精雕细琢的箱柜，名师巨匠的无价雕塑和画作以及顶尖奢华的银器更是令人眼花缭乱——这是我见过最富丽堂皇、最令人震撼的宫殿。
>
> ——加莱亚佐·马里亚·斯福尔扎（Galeazzo Marea Sforza）
> 向他的父亲米兰公爵介绍美第奇宫

如果你对政治和艺术很感兴趣，建议你最好找关系前往美第奇宫拜访，这座宫殿位于大教堂和圣马可修道院（Convent of San Marco）之间的拉尔加街。老科西莫决定在这条节日巡游必经的繁华之路上建造家族宫殿，但又希望不那么招摇（兴建美第奇宫需要铲平周围20多户人家，他倒似乎对此视而不见），因此拒绝了布鲁内莱斯基"过于豪华"的设计方案，转而邀请米开罗佐（Michelozzo）负责设计宫殿，气得布鲁内莱斯基一怒之下将自己设计的模型砸得粉碎。

令人惊讶的是，整座美第奇宫看上去像是壁垒森严的碉堡，实际上你从中就知道科西莫对自己的

巍峨的美第奇宫，坐落在佛罗伦萨主干道之一的拉尔加街

同胞有多么不放心,即使他看上去已经稳操政局。宫殿里面可谓别有洞天,多纳泰罗最精美的两件雕塑作品《大卫》以及《朱迪斯与赫罗弗尼斯》(*Judith and Holofernes*)都为科西莫所收藏。《大卫》是一座略小于真人的完美青铜雕塑,赤裸的大卫静静伫立在宫殿庭院中央陷入沉思,人们见到无不动容。而颇为令人生畏的《朱迪斯与赫罗弗尼斯》雕塑组像则被改造成了花园的喷泉(取材于旧约故事,朱迪斯手持利刃将亚述统帅赫罗弗尼斯的头颅斩下)。

洛伦佐的房间位于美第奇宫底层最内侧,房间内摆放着保罗·乌切洛的三幅木版油画《圣罗马诺之战》(*Battle of San Romano*)。这件名作原本属于巴托利尼 – 萨林贝尼(Bartolini-Salimbeni)家族,虽然他们无意出售这件珍藏,但洛伦佐成功"说服"了他们,并以每张镶板 50 弗罗林的价格尽收囊中。也有传言说洛伦佐对这幅画作极度痴迷,派了一群人在某个夜晚闯入对方宫殿"获得"了画作。

如果你有幸登上宫殿二楼,将能欣赏到全城最壮观的艺术收藏,华丽的佛拉芒挂毯、无价的工艺品、大马士革钢剑,多纳泰罗的浮雕杰作,乔托、弗拉·安杰利科以及佛拉芒画家佩特鲁斯·克里斯图斯(Petrus Christus)的珍贵画作应有尽有,交映生辉。

湿壁画技法

自乔托时代起,佛罗伦萨所有伟大画家都开始学习湿壁画技法。这是一种非常复杂而且很难掌握的绘画技法,画家需要在墙面提前涂抹好湿润的灰泥,在墙灰尚湿时就要果断而精准地下笔,而湿壁画(Fresco)就是"新鲜"(fresh)的意思。

洛伦佐的书房是一个极富情趣的地方，也是所有到访美第奇宫的王公、主教、外国使节最想探访的房间。书房里装饰有木质嵌板，上面陈列着洛伦佐最喜爱的古董、珍玩、玉石、钻戒、金币和奖章，据说有的稀奇物件价值高达500弗罗林。洛伦佐的图书馆同样令人向往，里面收藏着1000多部使用天鹅绒和皮革精心装订保护的珍贵书籍和手稿。在所有藏品中，最珍贵的当数一个价值高达6000弗罗林的独角兽角；还有一只精美绝伦的高脚浅底杯，阿拉贡枢机主教乔瓦尼看过这个精致物件后，曾暗自为其估价4000达克特（1达克特价值与1弗罗林相仿）。

> **米开朗基罗**
>
> 米开朗基罗将自己最杰出的才华贡献给了美第奇家族，他在佛罗伦萨最完美的作品就位于圣洛伦佐教堂。
>
> 在米开朗基罗设计的新圣器室中，伟大的洛伦佐的儿子内穆尔公爵（Duke of Nemours）朱利亚诺和外孙乌尔比诺公爵以及洛伦佐均安葬于此。米开朗基罗亲自创作了他们的陵寝雕塑，石棺之上横卧着四座裸体人物雕像（象征着昼、夜、晨、暮），这也令陵寝成为不朽的艺术丰碑。
>
> 圣洛伦佐教堂二层回廊上的圣洛伦佐图书馆是米开朗基罗在家乡最重要的建筑作品，造型华美的楼梯从阅读室如瀑布般倾泻而下直通门厅，独具匠心充满动感。
>
> 尽管美第奇家族是米开朗基罗的主要赞助者，但1527年这一家族被佛罗伦萨人民驱逐，教皇克雷芒七世（Pope Clement Ⅶ，洛伦佐的侄子）及其支持者向佛罗伦萨发起攻击时，米开朗基罗毅然选择帮助家乡修筑防御工事抵挡入侵，捍卫祖国佛罗伦萨。

小礼拜堂是美第奇宫最华丽的房间，洛伦佐的父亲皮耶罗委托贝诺佐·戈佐利（Benozzo Gozzoli）在这里绘制了著名壁画《东方三博士朝圣之旅》(Journey of the Magi)，再现东方三位贤王（其中洛伦佐成为三王之首）在主显日，率领家丁随从跋山涉水前往朝拜的场景。戈佐利将皮耶罗和他的儿子洛伦佐、朱利亚诺（他身后的马鞍上偎坐着一只猎豹）等美第奇家族主要成员都纳入了画面，1439年前来参加佛罗伦萨大公会议的拜占庭君主约翰·帕里奥洛格斯（John Palaeologus）也出现在画面中，这体现了美第奇家族辉煌的外交胜利。画家将自己也画入了戴红帽（美第奇家族传统代表色）的人群里，还在自己的帽子上标注了大名。美第奇家族为了这幅大型画作不惜投入重金，天空的蓝色采用稀有的天青石作为原料，画中人物身上都装饰着金箔银饰，整个画面流光溢彩。

圣洛伦佐教堂

圣洛伦佐教堂离美第奇宫不远，如果你在美第奇宫无缘见到洛伦佐的风采，或许在此参加礼拜时可以偶遇这位领袖。受洛伦佐的祖父科西莫委托，布鲁内莱斯基在借鉴古罗马建筑样式的基础上，设计建造了这座具有文艺复兴新风格的教堂。科西莫同时请多纳泰罗参与老圣器室的家族墓葬礼拜堂装饰工作，他还为这里的两座讲经坛创作了面板浮雕，这些浮雕作品堪称多纳泰罗最后的杰作。

科西莫还委托风流画家菲利普·利皮（Filippo Lippi）在这里创作祭坛画，你恐怕很难想象画中端庄美丽的圣母原型是利皮从普拉托修道院拐来的修女卢克雷齐娅·布提（Lucrezia Buti）。

两人后来成婚并育有两子，其中一个儿子就是著名画家菲利皮诺·利皮。

菲利普是出了名的荒淫好色，为了防止他一再惹出风流事端，科西莫把他幽禁在美第奇宫中，希望他为自己专心工作。但欲望炽烈的画家用床单做成绳子溜出窗外悄悄逃脱。当科西莫再次找到菲利普后，决定放弃对他的约束，任其广阔天地率性追逐自我，而自由的艺术家则以生命中最美丽的画作回报了这位赞助者。

圣马可修道院

> *科西莫·德·美第奇的很多财富来路不明。考虑到修士们缺乏栖身场所，教皇尤金四世对科西莫说，如果你决心拯救自己的灵魂，或许可以通过修建一座修道院来实现。*
>
> ——韦斯帕夏诺·达·比斯蒂奇

圣马可修道院与美第奇家族的关系非常密切，如今这里已经成为人文主义者和新柏拉图主义学者最青睐的聚点。多明我会的修道士们欠科西莫一个大人情，这位美第奇家族领袖斥巨资修建了整座修道院，并委托自己最欣赏的建筑师米开罗佐设计建造了柱廊环绕的图书馆，这可是全欧洲第一座面向公众开放的图书馆。

弗拉·安杰利科曾在圣马可修道院居住了多年，他为每个修道士的房间都绘制了耶稣生平重要场景壁画，圣多明我（St

每当夜幕低垂,圣马可修道院的修道士们都会聚在弗拉·安杰利科的《天使报喜》(*Annunciation*)前,虔诚地吟唱《圣体颂歌》(*Ave Verum*)

Dominic)作为见证者出现在画中。据说这位虔诚的画家感情是那么强烈诚挚,每当他描绘耶稣受难的十字架时,泪水总是不由自主地夺眶而出。科西莫在修道院给自己也安排了一个修行冥思的小房间,当然这个小房间比起其他修道士的可要敞亮得多。

最近美第奇家族和圣马可修道院原本紧密的关系似乎出现了一些裂痕,修道院新任院长博洛尼亚修道士吉洛拉谟·萨伏那洛拉痛批佛罗伦萨道德散漫,并将尖锐的批评矛头直指洛伦佐。但此时的洛伦佐已无力阻挡市民对这位修道士的狂热追捧,萨伏那洛拉断言佛罗伦萨人除非彻底改过自新,否则灾祸必将降临。

圣十字教堂和帕齐礼拜堂（Pazzi Chapel）

> 意大利是整个欧洲最富智慧的国家，托斯卡纳是整个意大利最富智慧的地区，而佛罗伦萨则是整个托斯卡纳最富智慧的城市。
> ——方济各会教士锡耶纳的圣伯纳丁（St Bernardino of Siena）在布道时的开场白

方济各会圣十字教堂位于佛罗伦萨第二大广场，这里是各类锦标赛和方济各传教活动的重要场地，自从方济各会取代多明我会掌管宗教裁判所后，人们还蜂拥到此观看焚烧异教徒的残忍火刑。

圣十字教堂建于1300年左右，阿诺尔夫·迪·坎比奥设计的这座教堂以规模宏大媲美罗马圣彼得大教堂闻名。方济各会的创始人圣方济各终身甘守清贫生活，呼吁信众安贫乐道，如果他见到如此宏伟的方济各会教堂，不知是否会目瞪口呆。

佛罗伦萨很多重要政治家、人文主义者都安葬在圣十字教堂，多纳泰罗及其助手在这里创作了很多陵寝雕塑。大殿两侧各有一座庄重典雅的陵寝，里面安葬着本世纪初两位优秀执政官列奥纳多·布鲁尼和卡洛·马苏皮尼（Carlo Marsuppini）。这两位杰出领袖都来自阿雷佐，科西莫对此深感触动，并将自己的儿子皮耶罗送到了阿雷佐接受教育，这也令佛罗伦萨的那些名师深感面上无光。

圣十字教堂建成后，佛罗伦萨的富贵家族纷纷来此购买礼拜堂，不过奇怪的是霉运频频光顾这些赞助人。乔托为佩鲁齐家族

（右）虽然帕齐家族已在佛罗伦萨失势，但布鲁内莱斯基建造的帕齐礼拜堂将使这个家族永驻历史长河

（左）罗马政治家、佛罗伦萨执政官列奥纳多·布鲁尼在圣十字教堂的墓碑

（Peruzzi）和巴迪家族（Bardi）的礼拜堂完成壁画还没多久，这两大家族就因深陷英格兰国王爱德华三世的借债泥潭而悲惨宣告破产（这场与法国耗时百年的战争的确是一桩昂贵生意）。

帕齐礼拜堂通过回廊与圣十字教堂毗连，厄运没有放过他们，这座由布鲁内莱斯基设计的礼拜堂刚建造完成，帕齐家族就因推翻美第奇家族阴谋失败而失势。不过如今你还可以在这里见到帕齐家族优雅的海豚徽标，这是佛罗伦萨仅存的帕齐家族印记。

维琪奥桥

毋庸置疑，维琪奥桥是佛罗伦萨最著名的景点之一。在桥的北侧矗立着跨骑骏马的战神雕像。这座雕像是为了纪念1216年复活节在此处遇刺身亡的波德尔蒙特·德·波德尔蒙提（Buondelmonte dei Boundelmonti），他的遇刺引发了佛罗伦萨圭尔夫党（Guelphs）和吉伯林党（Ghibellines）之间的战争，最终殃及整个托斯卡纳。桥的另一侧是圣墓（Holy Sepulchre）医院。维琪奥桥恰好位于阿尔诺河河道最窄处，这里水流最是湍急，当汹涌的洪流过境时一定要倍加小心，这座大桥已经多次被洪水冲垮，1333年的垮塌事故就导致上百名佛罗伦萨市民被卷入滔滔洪流。

维琪奥桥上挤满了商贩店铺，他们经营着50多种不同的买卖。在这里，你可以找到钱币兑换商兑换手中的钱币，也能到鞋匠那挑选合脚的鞋子，或者走进理发铺修整一番，甚至还有铁匠随时可以给你的骏马钉马掌。不过这里扒手横行，最好不要随身带太多钱币。有些地方的气味简直是难以形容，从鱼贩和制革工那儿飘来的味道已经令人作呕，但比起阿尔诺河河边皮革工坊散发的气味，只能算小巫见大巫。工人们将皮革浸泡到河水里，然后用马尿鞣制，味道着实一言难尽。在维琪奥桥上，从店铺之间走过的时候也要当心，屠夫们不断地从这里将下水和垃圾丢到河中。如果你想留着胃口品尝产自阿尔诺河的渔获，那就千万不要张望河中"盛况"。

布兰卡契小堂（Brancacci Chapel）、圣灵教堂（Santo Spirito）与皮蒂宫（Palazzo Pitti）

> 我和米开朗基罗从小就一起在卡尔米内教堂（Carmine）学习临摹马萨乔的壁画，他总是喜欢嘲讽一起学习的同伴。终于有一天，他又当着其他人的面取笑我。我实在是生气，狠狠地一拳打到他的鼻子上。我感觉他的骨头和软骨全像饼干一样被打得稀巴烂，那个家伙到死都会一直带着我给他的这个印记。
>
> ——彼埃特罗·托利贾尼（Pietro Torrigiani）向雕塑家本韦努托·切利尼（Benvenuto Cellini）讲述和米开朗基罗打架的故事

米开朗基罗的素描习作《圣彼得》，他对马萨乔的崇敬之情显而易见，这幅习作就临摹自布兰卡契礼拜堂壁画《纳税银》（Tribute Money）中的人物

年轻的米开朗基罗被人们认为是佛罗伦萨最有前途的艺术新星，但他也经常身陷是非。如果你到阿尔诺河南岸的卡尔米内圣母教堂或圣灵教堂，那里的管堂会跟你分享这位天才的故事。卡尔米内教堂的管堂可能会提到米开朗基罗总是准时来这里的布兰卡契礼拜堂临摹偶像马萨乔的壁画，如果你愿意给这位管堂一些小费，他或许还会揭秘米开朗基罗和同伴彼埃特罗·托利贾尼之间暴力冲突逸事，因担心遭到指控托利贾尼自那以后就离开了佛罗伦萨。

圣灵教堂的管堂不愿意谈到米开朗基罗的事情，他们更愿意向你展示布鲁内莱斯基的优雅设计（这是布鲁内莱斯基建造的最后一座教堂）。如果好奇的你就是想听米开朗基罗的故事，那就不要吝啬囊中小费。米开朗基罗曾主动向这里的奥古斯丁修道士提出愿意免费为他们雕刻一座十字架，但作为交换他要求解剖修道院医院中的尸体。米开朗基罗希望通过解剖学研究使作品更加真实自然，当然这种做法原本是被严格禁止的。

如果听到这里令你毛骨悚然，你可以前往附近的皮蒂宫换个心情，这是佛罗伦萨最宏伟的建筑之一。卢卡·皮蒂（Luca Pitti）矢志希望超越美第奇家族，在建造宫殿时欣然采用了当初被老科西莫拒绝的布鲁内莱斯基的豪华设计方案。这个佛罗伦萨人也因此满世界吹嘘自己拥有一座布鲁内莱斯基亲自建造的宫殿，但实际上皮蒂宫开工时，布鲁内莱斯基早已辞世 12 年之久。

六 行会、贸易与税收

行业协会&羊毛织造业&商人银行的艺术
&弗罗林&报酬&市场变迁&税收与投资

行业协会

> 一个佛罗伦萨人如果不从商就不能游历世界,无法见识到国外的风土人情,也不能带回财富,便得不到应有的尊重。
>
> ——格雷戈里奥·达蒂(Gregorio Dati)

徜徉在佛罗伦萨街头,处处可见宏伟壮观的建筑,摆满高档商品的店铺集市比比皆是,每个人看上去都衣冠楚楚。你或许会好奇这里的财富从何而来,奥秘就在发达的银行业和繁荣的毛织品、丝绸贸易里。

传统上,这里的贸易由行会系统负责组织管理,行会也已成为两个世纪以来佛罗伦萨重要的经济驱动力。这里共有七个大行会和十四个小型行会,如果你跟那些富商聊起来,他们会很快介绍自己所属的行会。不过无论他是属于服装商行会(Arte di Calimala,另译卡里马拉行会),还是竞争对手羊毛业行会(Arte della Lana),都会强调自己所在的行会历史最悠久且最富声望,上世纪以来佛罗伦萨能够如此迅速成为经济强国完全得益于他们行会成员取得的成就。如果你加把火,这些商人还可能继续眉飞

六 行会、贸易与税收

色舞地介绍毛织行业和服装制造业产出了多么庞大的财富，以致推动了一个全新行会的出现，专门为他们提供财务管理服务，这就是货币兑换商行会，不过这个行会的成员更愿意被称为金融行会。

鉴于佛罗伦萨人锱铢必较的性格，具有影响力的法官、公证员占据高级行会一席之地也就不足为奇了。这些法官、公证员通常都浮夸自大，跟他们打交道必须加上专属尊称"阁下"（Messer），而且要恭敬地使用"您"（Voi）"而不是"你"（tu）。另外几个高级行会分别是盈利颇丰的丝绸商行会、金匠行会、医生与药剂师行会，还有皮革、皮草商人及皮革手工匠行会。

行会成员往往进取心十足，勤于耕耘。以布料商人为例，他们的业务范围不仅仅局限在布匹贸易领域，同时代理各种调料、香料和昂贵织物的进口以及谷物出口业务。令布料商人们很自豪的是，他们使用的钢钎量尺已经被纳入法定计量单位，即"埃尔"（Ell，亦译"臂长"或"厄尔"，现为织造行业专用量布单位，1 臂 =0.875 米。——译者注），与其他尺度单位一起成为计量体系的重要组成。金匠行会的成员同样是多面手，他们充满创造力，既擅长雕琢各种宝石，还可以为家具或壁炉制作金饰。在佛罗伦萨，很多艺术家都是金匠行会成员，包括布鲁内莱斯基、多纳泰罗、吉贝尔蒂、戈佐利、

从考究的穿戴不难判断，这是一位成功的佛罗伦萨商人，他正仔细查看手中的信件和账单

羊毛业行会的徽标——"天主的羔羊",这个标志在佛罗伦萨随处可见

乌切洛、波拉约洛、韦罗奇奥,这个行会里的著名人物层出不穷。

行会内部也存在严格的等级之分,比如在医生和药剂师行会内部,技艺精湛的医生地位要高于药剂师,艺术家排在他们之后,杂货商、理发师和兼卖药品的小贩地位更低。医生和药剂师行会将伟大的诗人但丁奉为本行业代表,出身贵族的但丁看中了这个行会优越的社会地位而选择加入其中。与但丁同时代的乔托显然更加实际,他选择加入医生和药剂师行会,是为了取得绘画染料。

小型行会(他们普遍对相对较低的地位感到不满)几乎涵盖了城中各个行业,从麻布商人、石匠、木工、铁匠、盐商、干酪和油料贩子、屠夫、酒商、旅店老板到制革工人、甲胄制造商,甚至锁匠和旧衣贩子都在其列,其中位于最底层的是面包商行会,这个行业因为门槛最低、所有人都能加入而被其他行会瞧不起。不过无论加入哪个行会,有一点是至关重要的:行会成员必须是雇主而不能是学徒雇员。

不论权势等级如何,所有行会都对自己的社会地位感到由衷自豪。你会发现他们的行会标志遍布全城各大建筑,通过这些显眼的徽章就能知道这里是哪个行会捐建的。"天主的羔羊"(The Agnus Dei)是羊毛业行会的标志;医生和药剂师行会以圣母子

图1 马基埃蒂（Machietti）绘制的洛伦佐·德·美第奇肖像。他身穿红色卢寇长袍，右手拿着信件，远景的城池表明他才是佛罗伦萨的实际统治者

图2 （下页）佛罗伦萨城市全景图。大教堂和领主宫塔楼俯瞰全城，城市四周设有坚固的防御工事，还有四座桥横跨阿尔诺河

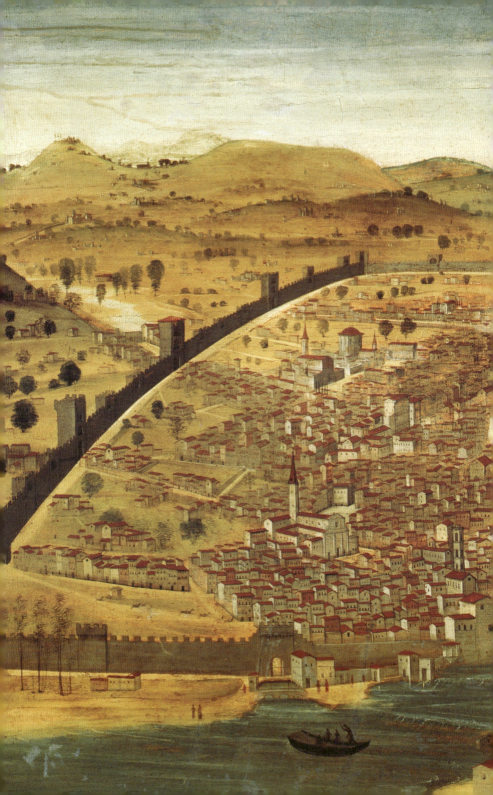

图 3 达万扎蒂宫（Palazzo Davanzati）的一个房间，色彩鲜艳的墙壁、高大的壁炉展现了佛罗伦萨宫殿的典型内景

图 4 基尔兰达约创作的施洗圣约翰诞生场景，背景设定在最富有家庭才拥有的豪华卧室，衣着华丽的托纳波尼家族贵妇和托着水果的仆人见证了这一神圣时刻

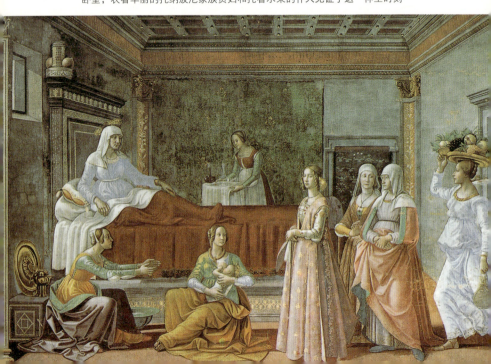

图5 著名的雇佣兵首领费德里科·达·蒙特费尔特罗和其子的画像。费德里科身着戎装,正在宫殿书房里阅读书籍,左腿上的英格兰嘉德勋章(Order of the Garter)绑带非常显眼

图6 看到达·芬奇笔下美丽脱俗的吉内薇拉·德·班琪(Ginevra de' Benci)肖像,就不难明白为什么他会成为最受追捧的意大利艺术家

图 7 《三博士来朝》(*Adoration of the Magi*)局部。画家波提切利充满疑惑地注视着观画者

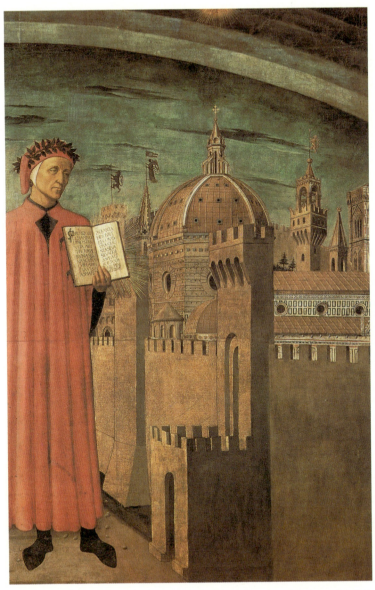

图 8 但丁手持《神曲》(Divine Comedy)站在家乡城墙外。画家自作主张地在他身旁画上了布鲁内莱斯基大穹顶,事实上,这项工程在但丁去世整整一个世纪后才竣工

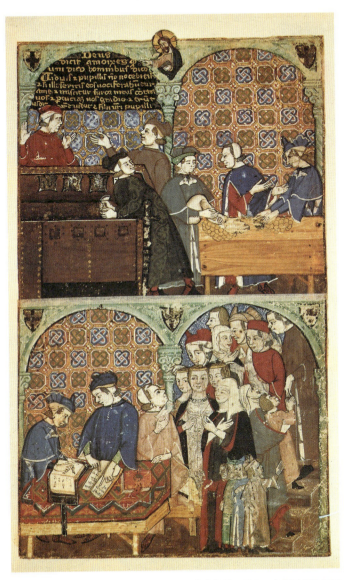

图 9 上方图片展示了货币兑换商们勤勉工作的场景,其中一名货币兑换商正在将钱币收藏到金柜里;下方图片中的佛罗伦萨市民正在排队缴纳税金,一名税吏在账簿上做记录,他的桌子上铺着精美的毡毯

图 10　贝诺佐·戈佐利在美第奇宫小礼拜堂绘制的壁画《东方三博士朝圣之旅》。年轻的洛伦佐（骑着白马的年轻国王，显然画家对他进行了美化）和他的父亲"痛风者"皮耶罗（骑着灰白骡子）都出现在浩荡行进的豪华队伍里

图 11 （左）佛罗伦萨人在市政广场上正各自忙碌，几乎无暇关注广场中间焚烧狂热教士萨伏那洛拉的火刑场面，后方肃立着威严的领主宫

图 12 （对页上）众多佛罗伦萨市民聚集在圣灵广场观看足球比赛，这是一项风靡全城的活动

图 13 （下）在施洗圣约翰节，骑手们手持旌旗举行巡游，佛罗伦萨人换上了最华丽的衣服迎接游行队伍

图 14 安布罗吉奥·洛伦泽蒂笔下的锡耶纳城一派安定富足景象,工匠们正在经营生意,一群女士在街头欢快起舞,画面极其生动

图15 （上）洛伦佐最喜爱的乡间别墅波焦阿卡伊亚诺庄园鸟瞰图,他花了大量的时间和精力打造这片庄园,别墅及周边错落有序,格外优雅别致

图16 （下）古城锡耶纳塔林环绕,大教堂的白色立面格外耀眼,整座城市被真福者安布罗焦·桑塞多尼（Blessed Ambrogio Sansedoni）安稳地捧在手心,他是锡耶纳城的守护者之一

六 行会、贸易与税收

像作为象征,因为据说出身医生的圣徒路加(St Luke)是圣母的忠实挚友,也有传说他曾为圣母绘制过肖像;金币自然代表钱币兑换商行会。这些徽章是各行会展示慷慨善举的重要方式,服装商行会在佛罗伦萨南部山顶捐建了俯瞰奥特拉诺的圣米尼亚托(San Miniato)教堂大殿,他们不会错过这个让本行会露脸的绝佳机会,白绿相间的大理石璀璨立面正中嵌刻着行会标志——一只抓着布料的老鹰。

圣弥额尔教堂,外面壁龛里有佛罗伦萨最优秀的雕塑作品,在教堂旁边坐落着很多行业协会总部

你如果想跟某个行会谈生意,可以前往圣弥额尔教堂附近,佛罗伦萨主要行会的总部都坐落在那里。不计其数的官员、领事、议员、财务主管和会计熙攘忙碌穿梭不息,一片兴盛繁荣的景象。可想而知,这些行会创造了多么巨大的财富。

雕刻一件杰作殊为不易,这幅浮雕展示了雕塑艺术所需要的繁多工具

佛罗伦萨的行会格外关照本行业从业者，他们会向老弱病残发放抚恤金，允许生病的工人休假去接受药浴，甚至还会帮雇员及其家人购置衣物。很多慈善之举并不限于本行会之内，几个行会也会联合出资赞助某所医院，或共同捐建世俗、宗教用途的优雅建筑。丝绸行会成员就因在本世纪初捐建了由布鲁内莱斯基设计建造的育婴院而感到无上荣光。在服装商行会和羊毛业行会之间也流传着一段传奇竞争故事，当羊毛商人们决定捐资建造佛罗伦萨大教堂后，制衣商迅速包揽了圣若望洗礼堂的捐赠。

然而浮华之下隐藏着没落的趋势，行业协会的权力最近几年日渐式微，他们逐渐失去了对工人工资和工作条件的控制，也无力再对成员实施惩戒管束。因此你很难像以往那样，可以在新市场惩戒台前看到破产的行会成员接受屁股被狠踢三下的羞辱。

羊毛织造业

扯上两尺红布就能造个执政官。

——科西莫·德·美第奇

在佛罗伦萨你的穿戴打扮尤为重要，七大行会中有四个都与服装制造相关。佛罗伦萨人对衣装的重视程度可见一斑，但凡负担得起，他们每年肯定会订制一套新衣服。如果你觉得某件质地优良的外套价格过高，并因此与商家争执不已，可以想想你手中的这件华服凝结了多少辛苦投入，一件质量上乘的外套从毛织到最终完成至少要历经 27 道独立工艺。

六 行会、贸易与税收

　　整个制衣过程包括预洗、漂洗（洗涤及击打工艺）、上浆、染色等，大部分工艺都离不开水，因此穿城而过的阿尔诺河地位极其重要，而繁忙的河运也成为佛罗伦萨一大景观。在阳光明媚的清晨，采自卡森蒂诺（Casentino）森林的巨大木材从阿尔诺河上源源不断地被运抵圣十字教堂附近的特拉维广场（Piazza delle Travi），这些木材将被制作成染匠干燥棚里的横梁。这座广场附近到处都是磨坊和类似谷仓样式的干燥棚，漂洗后的羊毛就挂在里面成百上千根横梁上等待晾干。

这幅图展示了羊毛织造业的部分工艺流程，这是佛罗伦萨财富的重要源泉

　　几乎佛罗伦萨的每个社会阶层都参与羊毛织造的过程，连修道士也不例外。在诸圣教堂附近，本笃会修士们正忙着在阿尔诺河里漂洗羊毛，并将干净的羊毛摆到苇架上晾晒。当然，他们不会参与枯燥又肮脏的羊毛初筛以及使

锦衣玉食的羊毛商人正手持羊毛剪，但是看上去他这辈子都没碰过一只羊

> **优雅的风度（Bella Figura）**
>
> 在佛罗伦萨人看来，一个人的外表不仅可以体现他的社会地位，甚至反映出他的性格，而从其着装也一样能够判断这些信息。无论是男士的衬衫、紧身上衣、罩裤、长袍，还是女士的衬衣、胸衣或裙子，他们选择的每件衣服都值得认真解读。
>
> 衣物的材质同样重要，亚麻、大麻织品是普通阶层的常见选择，平日里他们会穿着毛织衣物。如果你想与众不同，那就要选择天鹅绒、织锦或丝绸质地的衣物，而带有刺绣的高档皮草会令你尽显奢华。
>
> 这里皮草种类之多简直令人难以想象，松鼠、家兔、睡鼠是常见的皮草来源，也有人选择野狼、野兔皮毛，或是在冬天穿上貂、狐狸、艾鼬等的皮毛制成的更厚实皮草；白鼬、猞猁、紫貂毛料充满异域风情也最昂贵，通常留着当作镶边装饰。口齿伶俐的买家会把这些领口、袖口的皮毛夸得天花乱坠，但肯定不会告诉你这些华丽毛皮也是虱蚤肆虐的乐园。

用马尿和除垢剂预洗的工艺，成日干这些粗活脏活的工人出了名的咋咋呼呼，满口污言秽语。

等到漂洗工人经过仔细检查拍打，彻底清除掉羊毛中的所有杂质后，下面的工艺精细复杂又劳神耗时。首先要对羊毛进一步梳理，每把羊毛至少经过十次梳拣，按长丝、短丝分开，并精梳纺纱。随后，纱线会交由妇女们在家中织造成布。最后由专业染匠完成布匹印染，这是一个昂贵的工艺流程，明矾作为媒染剂能够使羊毛迅速上色，受到广泛追捧。美第奇家族控制了罗马附近新发现的托尔法（Tolfa）明矾矿，由此产生的巨额利润就是与帕齐家族之间血腥矛盾的重要导火索。

站在整个羊毛织造业金字塔顶端的是羊毛商人，这些杰出的商人在整个佛罗伦萨不到200人,手底是忙碌的代理商和经纪人。代理商不仅负责商铺日常售卖经营,还要将进口自英格兰、西班牙的原料和羊毛投入织造印染,并监管整个流程。经纪人则忙着运送羊毛和纱线,并负责向工人发放报酬。

为了让顾客在挑选时更好地了解不同布料的品质,工人会将每块布料都认真整理好并仔细贴上相应标签,再将细毡、粗布分别卷装成捆,最后打包并加盖行会印鉴标志。

> **染 料**
>
> 对于羊毛织造行业而言,掌握染色的方法是成功的关键,这些染料都取自天然:
>
> ·红色用茜草和雄黄制作,亮眼的鲜红染料由红海岸边的一种结晶物质制成;
>
> ·亚硫酸被用于制作珍珠白色的丝绸面料;
>
> ·橘黄色染料源自圣吉米那诺附近盛产的番红花;
>
> ·马略卡岛(Mallorca)的地衣植物可以制作紫红色染料;
>
> ·胭脂红是重要的食品色素,通过将地中海的一种小甲虫碾压粉碎制成;
>
> ·染制海蓝色的靛蓝、靛青染料取材自植物原材,最鲜艳的群青色则使用昂贵的青金石制成;
>
> ·很多颜色还有各种外号,比如人们用"小教士""贝雷帽""狮毛"指称棕色。艺术家们也同样离不开这些染料,他们通过将染料与油或蛋液调和创作出一幅幅精美绝伦的作品。

商人银行的艺术

以上帝和利润的名义!

——科西莫·德·美第奇业务账簿的开篇箴言

商人银行家是佛罗伦萨城中最富有的阶层之一，你可以在新市场看到他们努力工作的身影，那些在这里没有一席之地的货币兑换商是没有资格加入银行家行会的。人红是非多，商人银行家的巨大成功招来发放高利贷的指控，他们对此非常敏感，因为天主教会一直强烈反对发放高利贷行径。半个世纪以来，教义严格限制只有犹太人或犹太皈依者可以代理放贷收贷生意，高达三成的高额利率也一直令放贷者饱受诟病。不过大家都清楚，美第奇家族和城中那些银行家也好不到哪儿去，看看他们拔地而起的豪华宫殿你就明白了。

看上去这些商人银行家似乎躺着都能赚到盆满钵盈，但其实一切来之不易。成为一名商人银行家需要经过长年累月的学习训练，他们要以代理或雇员身份在佛罗伦萨某个公司的海外办事处度过漫长的职业生涯。见习商人银行家至少需要掌握一门以上外语，熟知国际度量衡和关税常识，同时不断深化对商业运作的理解，积极广结人脉。总体而言，商人银行家们一般都有强烈的职业精神，詹诺佐·德利·阿尔贝蒂（Giannozzo degli Alberti）曾吹嘘自己先祖贝内德托（Benedetto）："他做生意很有一套，手指上常年沾染着墨水。"

商人银行家们喜欢通过多元化投资尽可能对冲

图片右侧的银行家正在点验弗罗林，左侧是他的合伙人，正将汇票递给客户

经营风险。布料商人会同时在一船货物中投资香料、明矾,从而与合伙人分担风险。这些谨慎的商人还会投注保险,为了防止政权动荡带来的灾难性打击,他们甚至会以国君的性命投保下注。

弗罗林

> 她们如此精致,令人备感愉悦。我热爱精工细铸的金币,要知道爱美之心人皆有之,这些金币做得越精美,越受人珍视。
> ——雅各布·帕齐(Jacopo Pazzi)与朋友菲利波·斯特罗齐的对话

> 这都是好东西,上面印着我们城市的标志。您可以想象作为这些金币的铸造者,我们拥有多少这些东西。
> ——当米兰公爵展示财富时,佛罗伦萨大使的回应

1252 年,弗罗林首次出现在历史舞台并很快成为流通于整个欧洲的重要货币。货币的发行都源于佛罗伦萨人永不厌倦的主题——庆祝战胜托斯卡纳竞争者,弗罗林就是为了纪念击败本地老对头比萨和锡耶纳而发行的。金币一面印有城市守护者施洗圣约翰头像,另一面印着百合花。到 1422 年,市场上流通的弗罗林金币、银币总量已达到 200 万。制作金币的过程非常简单,首先将软化的贵金属放置在平面上,然后使用带有货币纹饰的锤子击打成型,整个过程在领主宫旁边的造币厂(Zecca)完成。金银比率波动不定,最后还是由金匠对钱币成色和工艺质量进行鉴定。1 弗罗林价值 7 里拉,1 里拉则大约价值 20 索尔迪或 60 夸

特尼。

弗罗林的分类之多令人困惑不已，除了弗罗林金币（fiorino d'oro）之外还有其他繁复多样的弗罗林币种。"封装弗罗林"（Fiorino di suggello）是在佛罗伦萨严格称重检验并完整封装的弗罗林金币；"大弗罗林"（Fiorino largo）是一种大型金币，其价值如今约超过封装弗罗林两成；"格罗西大弗罗林"（Fiorino largo di grossi）是价值与大弗罗林相当的银币；最近市面上又出现了一种"伊诺大弗罗林金币"（Fiorino

> **生意秘诀**
>
> 佛罗伦萨商人机器重视保护商业秘密，他们发明了一种简便可靠的结算账方式，确保没有人能从中作假，这种方式被称为复式记账法。
>
> 汇票是佛罗伦萨商人最实用的发明，这是一种经过公证的法律文书，便于商旅携带，而且可以广泛应用于买卖交割、资金往来以及获取信贷。这样商人们就无须带着大宗现金奔波，极大提升了旅途中的安全感。
>
> 货币兑换商精于弗罗林与国外币种兑换业务，他们会选择在某个时期持有弗罗林，坚持使用杜卡特尼结算，如果时机把握得好，货币兑换商们可获高达两至三成甚至四成的高额利润。

弗罗林金币上印有佛罗伦萨的标志：一面是百合花，另一面是施洗圣约翰

六 行会、贸易与税收

largo d'oro inoro），目前官方兑换价比格罗西银币还要高 19%。这些弗罗林种类已经令人眼花缭乱，更令人困惑的是弗罗林常被叫作"杜卡特"（ducat），这也令佛罗伦萨政府非常愤慨，因为杜卡特其实是威尼斯的主要货币名称。

举个例子你就知道这里面水有多深。1442 年，佛罗伦萨商人弗兰西斯科·迪·马特奥·卡斯泰拉尼（Francesco di Matteo Castellani）从银行家手里借了一些金币，在这一笔小型贷款中就包含了 3 个弗罗林以及一些杜卡特（其中有 3 个威尼斯币、3 个罗马币、1 个热那亚币和 1 个匈牙利币），因此货币兑换商们能够大发其财也就不足为怪了。

报 酬

毫不奇怪，佛罗伦萨顶级律师们的服务是最昂贵的，他们每年借此可以进账 200 到 500 弗罗林，

板凳的"前世今生"
（Benchmarks）

从一条板凳就能看出一个国家放在头等的事务。佛罗伦萨商人们的宫殿外都摆有一条长凳，他们和客人坐在上面洽谈生意，通常是讨论金融方面的业务。因为这些板凳的重要作用，所以后来人们用"板凳"（banco）指代金融业务，这也是"银行"（bank）的由来。

而浮夸奢靡的勃艮第人花钱的兴趣则远远胜过挣钱，歌舞升平的宴会占用了他们的大量时间。因此宴会上所坐的"长椅"（banquettes）也被用来指代"盛宴"（banquet）。

或许你在佛罗伦萨与某个商人做了生意，假如你见到他宫殿外的板凳或做生意的桌子坏了，那你就去酒馆一醉方休吧，这可能是你最好的慰藉。因为"板凳破了"（banco rotto）代表着你的小伙伴"破产了"（bankrupt）。

与一流大学教授处于同一薪酬水平。银行经理的收入逊色很多，他们每年的收入大约为100至200弗罗林，跟提花丝绒高级织工的收入以及主要教堂牧师的圣俸差不多。财政官员、普通大学教授、锦缎织工、会计以及优秀裁缝每年收入约为100弗罗林，而低级政府官员、建筑工头和羊毛织工每年收入40至50弗罗林，木匠和麻布织工收入还要好一些，生手和靠补助生活的人收入最低，每年不足寥寥30弗罗林。

如今市中心的房屋租金大约为每年25弗罗林，城郊房屋的年租金为10弗罗林，而在贫民区只需要半个弗罗林就能找到落脚地。

市场变迁

如今财富象征着高贵，是权势与荣耀的源泉，因此佛罗伦萨人热衷于展现财力，并将这种炫富潮流冠以"辉煌"（il magnificentia）美称，而潮流引领者洛伦佐·德·美第奇被人们称为"大豪华者"（il magnifico）。这股风气深刻影响了艺术、慈善领域，服装行业同样如此，相比毛织工人和织布工，丝织工接到了更多制作华丽而昂贵服装的订单，并因此多得其利。

城中丝织商人的店铺已多达80多家，里面满是精工织造的锦缎和丝绒华服，装饰着巧夺天工的刺绣、彩绘和奢华的金银嵌片，令人目不暇接。不仅仅在佛罗伦萨，这些精美华服现在风靡全意大利的王宫教廷，甚至跨越阿尔卑斯山，受到法兰西、低地国家和英格兰的普遍追捧。

六 行会、贸易与税收

如今这些服装店铺所有者都是自由独立的个体，可以根据自己的意愿自主经营，行业协会已无力让他们俯首听命。同样的变化还发生在艺术家身上，他们日益被视为享有自由创作权的重要人物，不再是往日的小工匠。从列奥纳多·达·芬奇身上就能清楚看到这一显著变化，全欧洲的统治者们都等着他服务，但画家仍然选择随心而作。洛伦佐·德·美第奇对年轻的米开朗基罗青睐有加，安排他在圣马可修道院旁边自己开设的雕塑学校学习，用餐时还邀请才华横溢的雕塑家紧邻自己就座，位次比女婿弗兰克斯托·西博（Franceschetto Cibo）还靠前。作为教皇（英诺森八世）的亲儿子（因此他自认具有王子身份），西博感到人格尊严受到深深的侮辱。

尽管店铺里的精美商品多不胜数、教堂里的艺术巨作灿若繁星，但浮华之下难掩凋零，很多支柱产业都在一路走低。比如羊毛与布料生意就受到尼德兰市场的猛烈冲击，甚至连美第奇银行也是勉强为继，洛伦佐从他的友人那里大量借贷，而他的朋友菲利波·斯特罗齐近些年来反而财富日增。更糟糕的是，洛伦佐还使出很多低劣手段，试图侵犯堂兄

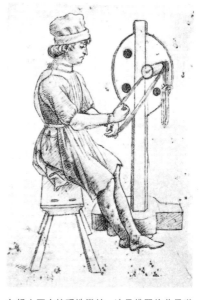

年轻人正在忙碌地缫丝，这是佛罗伦萨最赚钱的行当之一

乔瓦尼和弗朗切斯科的继承权,甚至染指政府用来保障贫穷姑娘婚事的嫁妆银行(Monte dei Doti)。洛伦佐的作为与祖父老科西莫可谓大相径庭,科西莫认为审慎而明智地运营财富是一个银行家首要也是最重要的素质。

税收与投资

> 我们的状况非常糟糕,大瘟疫导致没有任何业务,但我们仍要缴纳沉重的赋税。
> ——普拉托商人弗朗西斯科·达梯尼(Francesco Datini)

既然佛罗伦萨人一直喋喋不休地抱怨赋税是多么沉重,让我们了解一下不满的根源。这是一种被称为"卡塔斯托"(Catasto)的财产评估税赋体系,佛罗伦萨人基于市民所有财产(包括地产、商业投资、公共债券、现金、借贷以及债务和担保)和家庭人数来确定税负,一般一年缴税两次,发生紧急情况时会额外缴税一次,课税税率滑动区间最高达22%。这意味着某些年份最富有市民需要缴纳的税率可能惩罚性地超过60%,乔瓦尼·鲁切莱在1473年就需要缴纳6万弗罗林的赋税,如此惊人的数目让他毫不奇怪地在短短7年后就破产了。

当然了,佛罗伦萨人会绞尽脑汁逃避纳税,老科西莫就有一本秘密账簿,他通过夸大坏账数额躲避税收。当纳税官询问时,科西莫总是说:"如果哪个账目有错误,不论多也好,少也好,绝非成心为恶或有意欺诈,不过是无心之失,在您的指导下我们随时愿意改正。"纳税官巴不得不去冒犯这位土皇帝,欣然接受这套说辞,不再多嘴。

最近,建造宫殿成为新型避税方式,政府对此大力支持并在去年颁布法令——在空地上建造新房屋将得以豁免四十年赋税,这对佛罗伦萨人而言无疑具有极大的诱惑力。

美第奇银行

1397年,乔瓦尼·迪·比奇·德·美第奇(Giovanni di Bicci de' Medici)创办了美第奇银行,他去世时为家族积累了18万弗罗林的财富。

他的儿子科西莫壮大了银行事业,尽管科西莫在政治上推崇市政民主,却非常严格地把控着商业运营,在这里根本没有董事会。科西莫创造了更为庞大的财富,据说他一生花费在赞助慈善、捐建建筑、缴纳税收方面的金钱总额达到惊人的60万弗罗林金币。1469年,洛伦佐继承家族产业时,家族资本足有23万弗罗林之巨。

美第奇银行在罗马、米兰、比萨都设有分支机构,海外也有五家分行,分别设在日内瓦、布鲁日、伦敦、阿维尼翁和里昂,这些分支机构都是独立的法人实体。

美第奇银行同时经营着多种货物进出口业务,不仅包括传统的毛纺织品、丝织品、明矾和橄榄油,还涉足异域香料和艺术品生意。

七　宗教生活

平日一角&小礼拜堂&兄弟会&苦修士&佛罗伦萨人矛盾的宗教观&丑闻&萨伏那洛拉&迷信与巫术

平日一角

> 皮奥瓦诺跟信徒们在一起时会讨论圣灵话题，跟士兵一起时则会谈论适合他们的话题，跟商人探讨商业运作时说些优雅趣事逗乐那些锦衣玉食的女士，而跟那些下流女子一起时同样信手拈来很多她们爱听的故事。
>
> ——15 世纪后期，关于乡村教士皮奥瓦诺·阿洛托（Piovano Arlotto）的评价，据说这位教士在布道时经常说些下流的俏皮话

你会发现宗教在佛罗伦萨人的生活中占据着主导地位，很难看到不敬奉圣像的人家，而且圣像一般都会摆放在主卧室里，成为冥想和祈祷的中心。佛罗伦萨人定期前往教堂，这也是为数不多见到女士外出的时刻。对于具有一定地位的人士来说，早间弥撒和晚间祷告是每天的例行仪式，而工人们每周六傍晚也会得到特许，提前摆脱繁忙的劳作，这样需要天主指引的人就能够参加晚间祷告。

各阶层的佛罗伦萨人都会慷慨解囊施舍乞讨者，而且心甘情愿将遗产赠予医院、修道院，还会供给弥撒以希冀逝者的灵魂获

得拯救。在佛罗伦萨你不会错过围绕全城的众多宗教巡游，你可以在大教堂和领主广场之间任选一条街道欣赏这些活动。

这里的建筑正门上方一般都奉有圣像，在街角随处可见被花朵、礼物环绕的耶稣受难画像或圣母像。人们对此满怀崇拜，最近有个人因为盗窃圣母像前的银饰被处以绞刑。在圣母领报教堂，有一幅描绘天使报喜场景的神圣画作，据说起初由一位修士动笔构思，但后来天使亲自帮他完成了这一作品，在瘟疫和饥荒肆虐的日子里，人们抬着这幅圣画举行祈福游行。在佛罗伦萨人心中，这幅画作以及因普鲁内塔圣母圣殿（Santa Maria dell'Impruneta）里供奉的圣母像都享有无比神圣崇高的地位。圣母领报教堂的礼拜堂里摆满了还愿供奉，如果你也在此心愿得偿想要感恩还愿，在来教堂的路上可以绕道塞尔维街（via de'Servi），在那儿的贝内坦迪（Benintendi）商店里有各式各样的精美蜡画。

神圣遗物受到狂热的追捧和崇拜，洗礼堂供奉着700多年前查理大帝亲自赠予的"真十字架"，来此瞻仰膜拜者络绎不绝。服装商行会最近捐资800弗罗林，委托安东尼奥·波拉约洛和安德烈·韦罗基奥为这件圣物制作了豪华的银质台座。

修士罗伯特·卡拉乔洛（Fra Roberto Caracciolo）向众人布道，佛罗伦萨人的信仰看上去似乎无比虔诚

在圣母领报教堂，美第奇家族专门购置了礼拜堂来供奉《天使报喜》这一神圣画作，他们还委托米开罗佐在圣米尼亚托教堂设计建造了精美小堂，也是专门用来供奉曾显神迹的耶稣受难圣像。据说瓦洛布罗萨恩修道会（Vallombrosan）创始人圣约翰·瓜尔博托（St John Gualberto）曾在这座圣像前亲耳聆听了耶稣圣训。皮耶罗·德·美第奇让人在这里画上了显眼的家族徽章，使参观的人都知道，是谁为这里慷慨解囊。

佛罗伦萨人对宗教领袖也充满敬爱和自豪，人们经常怀念佛罗伦萨教区大主教安东尼诺·皮耶罗齐（Archbishop Antonino Pierozzi）。他也是科西莫·德·美第奇的挚友，一生致力于促进安定和平，为残障儿童修建学校，为被遗弃的私生子女建造育婴院。他是一个极其谦逊的人，经常步行或骑着毛驴出现。当他经过时，佛罗伦萨人都会跪下以表达尊敬和爱戴。这位大主教离世时，财产只有一头小毛驴和简单的餐具。

锡耶纳的圣伯纳丁同样深受爱戴，他喜欢用故事和笑话给乡下人讲经布道，足以让这些信众四个多小时心无旁骛。在大斋节（Lent）的布道会上曾有人在听到基督受难以及

圣伯纳丁在家乡锡耶纳市政厅布道时人山人海的场面

悲恸的圣母情状时痛哭流涕，可见这些传教士的强大感召力。

圣母玛利亚是有罪者、病人和穷人的传统代祷者（intercessor），农夫农妇们对她尤为敬爱，你经常看到他们手持玫瑰念珠或主祷文念珠在路边小教堂高呼"圣母万岁"（Hail Maries）。圣母在普拉托监狱墙壁和科尔托纳制革显像神迹令他们激动不已，消息传开后成百上千的朝圣者蜂拥而至，当地新的两座华丽教堂就是专门为了接待这些朝拜人潮而建的。

小礼拜堂

> *我花了2000弗罗林建造现在的住处，为辞世后的永眠之所花上500弗罗林，我认为很值。*
> ——皮耶罗·德·托瓦格利亚（Piero del Tovaglia）

佛罗伦萨的教堂里有很多私人礼拜堂，专门用来埋葬和祭奉家族先人，为逝者举办弥撒是教堂的重要收入来源，教会也积极支持礼拜堂的兴建。家族礼拜堂往往装潢精致，祭坛画、壁画既展现了捐赠人的虔诚，也彰显着他们的财力和社会地位。

三大教派（方济各会、多明我会和奥古斯丁会）的教堂吸引了大多数艺术赞助，因为大家认为他们是指引走向天堂的最佳选择。佛罗伦萨人深信存在地狱磨难，圣母玛利亚教堂斯特罗齐礼拜堂壁画《最后的审判》（Last Judgment）就生动描绘了但丁著名诗篇《神曲·地狱》里的景象。纳尔多·迪·乔内（Nardo di Cione）创作的这幅高度写实作品，1344年时任教皇看到时印象深刻，因此豁免了斯特罗齐家族 515 天的流放刑期。斯特罗齐虔诚地相信这一切都必有利于来生，他和妻子也出现在了《最后的审判》中，天使正指引他们走入天堂。如果有机会参加这些礼拜堂里举办的弥撒，你会发现烛台、圣杯、祭台和祷书……目之所及无不穷尽奢华，不惜投入巨资。

兄弟会

佛罗伦萨大约有 75 个宗教性质的兄弟会，志同道合的成员共同敬奉圣徒，早晚一起诵唱圣歌，在周日或许还会看到他们一起游行前往大教堂。这些兄弟会致力于善行善举，以慈善事业为使命，有的开办学校，有的会帮扶社会底层人士。

总部位于洗礼堂对面的圣玛利亚·碧加洛兄弟会（Santa Maria del Bigallo）一直在全心照顾育婴院的弃婴，为了表彰他们的善行，这个兄弟会被授予每年赦免一名罪犯的特权。慈悲圣母兄弟会（Misericordia）同样备受尊重，他们致力于照顾病患，监督贫困者的安葬仪式。不过也有人对此并不认可，他们声称这个兄弟会总部建设的原始资金源于罚款箱。

兄弟会成员的长袍上一般都带有各自的徽章，你可以通过这些徽章辨别他们所属的会派。天使报喜兄弟会成员的帽子上带有天使与鸽子的图案，红色底纹上金色十字架是圣玛丽兄弟会（St Mary）的标志；圣塞巴斯蒂安（St Sebastian）兄弟会则以皇冠及耶稣受难像为徽章。这些兄弟会的旗帜也一样精致华美，图案大多以圣母像或耶稣受难像为主。

七　宗教生活

佛罗伦萨兄弟会是社会阶层大融合的重要缩影，豪门贵族欣然与底层工匠同处一个组织，聚会时彼此平等相邻而坐。在濯足节（Holy Thursday），他们原有等级地位甚至会倒转，最资深的成员亲自为本会弟兄洗脚并奉送简餐，在享用圣餐前大家同声齐唱颂歌，以此纪念耶稣亲自为门徒洗脚的典故。

洛伦佐·德·美第奇是七个兄弟会的成员，他非常重视履行所在兄弟会的义务。作为三贤会（Confraternity of the Magi）的负责人，洛伦佐每个周四都会在圣马可教堂圣器室举办活动，他还有心效仿祖父科西莫向本会兄弟赠送面粉、鸡蛋、葡萄酒等礼物，还帮助本会兄弟置办女儿的嫁妆。

有些兄弟会与乡村联系紧密，你可能会在白露未晞的清晨听到高颂基督、圣母的赞歌声，这些兄弟会的成员正前往乡下，准备到本会所有的田地里犁地松土、打理蔓草，一天的劳作后在傍晚满载而归。丰收之后，他们会在城市市集上售卖粮食，还会雇劳力在城中马厩和屋舍收集粪肥，施洒在精心呵护的田园里。

> *大家都在为三王来朝节（Feast of the Magi）做准备，我要把身上这件金缕衣换掉，穿些朴素的衣服。*
>
> ——科西莫·德·美第奇的妻子同儿子谈话

苦修士

> 耶稣会（The Company of Jesus）会士们穿着白色麻袍，腰系麻绳，左肩上扛着朱红的十字架缓步游行。他们头戴罩帽、赤裸双足，边走边用皮条不停地笞打自己的身躯。在聚会的大厅里，他们会改用麻绳默默地自我鞭笞，尽量减少噪声。
>
> ——当代纪事

耶稣受难的圣举深深震撼着佛罗伦萨人的心灵，很多人决意加入兄弟会追随耶稣基督矢志苦修悔罪，他们被称为"鞭笞者"（Disciplinati），通过鞭笞自身实现肉体的赎罪和灵魂净化。鞭笞者兄弟会的成员遍及社会各个阶层，洛伦佐就是其中之一，他加入了圣保禄友爱会（Confraternity of San Paolo）。这个兄弟会专注救济穷困，并设有严格的会规，要求成员每天必须进行祷告（高呼"圣母、圣父"之名五到十五次），每周必须斋戒一天，要纪念重要的宗教节日，哀悼会中逝者，并定期缴纳会费。

以前人们常见到鞭笞者兄弟会成员们穿着白色罩帽长袍，腰间系着麻绳，手持鞭绳游行过街，现在重要节日时你也会偶尔见到这一场景。不过作为一个注重穿衣风气的城市，佛罗伦萨要求他们只能将衣服后面从肩到腰敞开，"如此一来用这种穿衣方式保证适当的裸露而不是全裸示人"，这种鞭笞活动也在兄弟会的讲演厅里私下进行。

希望加入鞭笞者兄弟会的人都会接受现有成员的严格行为考核，确保他们不会玷污本会纯洁，而现有成员也必须每月进行忏

七　宗教生活

悔告解。所有有可能导致耻辱或引发冲动暴力的恶习都被严格禁止，比如绝不允许在斋戒期间到酒馆滥饮、不得频繁光顾妓院、禁止鸡奸和赌博。如果某个新成员发放高利贷（干这种事的很可能是某个银行家），他必须到修道院接受惩罚并赔偿受害者，惩罚措施甚至包括踏上朝圣遥途，这对业务缠身的商人来说显然极为不便。

佛罗伦萨人矛盾的宗教观

这并非源于上帝之爱，只不过是济您所需。
——多纳泰罗施舍乞丐时所讲

看起来，佛罗伦萨似乎满是宗教情感深厚的信众，但很多高知市民阶层都感觉到天主教会正日益陷入溃败泥潭，你会发现对抗教会的思潮正暗流涌动。神职人员如今权势熏天，拥有托斯卡纳三分之一的土地，很多人都认为他们在滥用职位职权，而且不仅仅是放任神职买卖这么简单。佛罗伦萨人现在仍然记得1478年正是两名教士几乎杀死了洛伦佐·德·美第奇，连麻木冷酷的雇佣兵首领乔万尼·巴蒂斯塔·达·蒙特塞科（Giovanni Battista da Montesecco）都拒绝在教堂祭坛前做出这种渎神行径。

洛伦佐周围的朋友圈子里对教会的复杂矛盾态度尤为明显，这些新柏拉图主义者依然十分严肃地对待宗教信仰，但他们对神学体系之外知识的探讨招致了教会的愤怒。著名哲学家马尔

尽管对待宗教的心理有所矛盾，但佛罗伦萨人对精美艺术品的热爱始终如一。图为洛伦佐·德·美第奇精心收藏的泥金装饰手抄本（illuminated manuscript）

西里奥·菲奇诺、皮科·德拉·米兰多拉都被认为有宣扬异端邪说的嫌疑，而洛伦佐的密友、作家路易斯·浦尔契则是教会最想惩治的家伙。浦尔契把很多宗教典故编排成了笑话，他说先知摩西只不过打开鱼塘的水闸淹死了几个法老的跟班；参孙卸走的不是城门，可能是把谁家避暑别墅的大门拿跑了。更过分的是，浦尔契居然讽刺天主教会的首任教宗圣彼得，说他在水上行走其实是走在结冰的海面上。浦尔契的笑话也反映了佛罗伦萨人的普遍看法，他们一样嘲笑这些大腹便便的教士天天在圣餐酒里醉生梦死，还经常轻佻地勾引前来忏悔告解的迷人女士。

丑 闻

他们欺骗、偷盗、私通，黔驴技穷时又装模作样地扮成圣徒假造奇迹，一会儿这个拿出圣维桑（St Vincent）的袈裟，那个拿出圣伯纳丁的手迹，第

> 三个又拿出了圣卡比斯特朗诺（Capistrano）的驴缰绳。
>
> ——马萨丘·萨勒尼塔诺（Masuccio Salernitano）评价小兄弟会（Minorite Order，即方济各会）成员的做派

在佛罗伦萨及其周边，有大大小小五十多座修女院，将近两千多位修女生活在这里。你遇到的很多佛罗伦萨人，他们的姐妹、姑姨或侄女可能就被深锁其中，这些女士因为筹集不到足够的嫁妆，不得不在此抱恨终老。

从佛罗伦萨北面入城，单是圣伽罗路（via San Gallo）就有十多个修道院，如此之多的修女别无选择，每天除了给家人织造衣服打发时日之外无所事事，必然有人难耐孤寂，违背守贞誓言，为此很多修道院都建起了貌似密不透风的高大围墙。

或许你已经听过菲利普·利皮拐走美丽修女卢克雷齐娅·布提的风流故事，这并非个例。三十年前，卡法吉奥罗（Cafaggiolo）的圣卡特林纳教堂奥古斯丁（Augustinian）修道院里两个修女竟然怀孕生产，这令安东尼诺大主教极为震惊。而那些资深的教会人物也好不到哪里去，不久前人们发现城外圣萨尔维（San Salvi）修道院院长把情妇带到自己房间鬼混过夜。席尔瓦（Silva）修道院院长马里亚诺（Mariano）更是糟糕，他拐骗了一个农民的妻子当情妇，被戴了绿帽子的丈夫前来兴师问罪时，这位院长居然试图谋杀这个可怜的男人。教会不得不急着到处灭火，强调这些事情都是个案，不具有代表性，然而教会的声誉已然江河日下。

看看教皇的"辉煌战果"吧。最近洛伦佐·德·美第奇

实现了一场极为有利的联姻,将自己15岁的女儿玛达莱娜（Maddalena）嫁给了教皇英诺森八世的"侄子"弗兰克斯托·西博。人人都知道这个平庸粗野的家伙实际上是教皇的亲生儿子,年已四十却每天烂醉如泥。有很多关于这种裙带关系的笑话,比如"所有人都能称呼教皇（pope）'爸爸'（papa）,除了他的亲儿子"。

洛伦佐向来以长袖善舞闻名,他凭借出色的外交手腕与教廷建立了令人难以置信的密切关系,要知道仅仅十年前洛伦佐受帕齐阴谋影响还被教会开除了教籍。而如今不但他的女儿嫁给了教皇的儿子,洛伦佐的儿子乔凡尼年仅十三就已经被擢升为教廷枢机,据说为了这个位置洛伦佐花费了足足10万弗罗林（如果有朝一日这位少年继位成为教皇,这钱花得极为划算）。洛伦佐本人也为此感到振奋不已,宣称这是"美第奇家族最辉煌的成就"。

在父亲的"支持"下,乔凡尼的教廷生涯格外顺畅和成功。他七岁就荣任主教,在托斯卡纳的每座大教堂都拥有掌管27个享受圣俸的职位和1个牧师圣职的权力。为了庆祝乔凡尼晋升枢机主教,洛伦佐举办了极其盛大的庆典,他始终强调这将造福整个佛罗伦萨（当然更造福美第奇家族）。这一辉煌胜利背后是丰厚的献礼,在通往梵蒂冈的卡西亚大道上,美第奇家族的货运马车络绎不绝,车上载满了最优质的特雷比安诺葡萄酒、可口的托斯卡纳奶酪和上乘的佛罗伦萨布料。教皇对此表示欣然接纳,同时强调枢机主教团的选举完全公平,毫无偏倚。

不论你走在哪里,都会发现洛伦佐始终是佛罗伦萨人的重要话题,人们对他邀请萨伏那洛拉到圣马可修道院任职的决定议论

七 宗教生活

纷纷。这看起来似乎是皮科·德拉·米兰多拉的提议,不过也许是洛伦佐心存不安,尽管他清楚萨伏那洛拉强烈反对自己的新柏拉图主义做派,但仍然希望通过上帝的这位使者进行告解。可是狂热的修士已经发出宣言,不仅要推动教会改革,而且要彻底改革整个佛罗伦萨的社会风气。

萨伏那洛拉

> 这个多明我修士震撼了佛罗伦萨全城,每个人都虔诚地信服他。
> ——某位曼托瓦(Mantua)的大使

> 这个来到我家的陌生人,竟然不来拜访我。
> ——在萨伏那洛拉抵达佛罗伦萨后,洛伦佐·德·美第奇如是说

吉洛拉谟·萨伏那洛拉来自意大利北部的费拉拉,这名修士目光凌厉,长着鹰钩鼻和厚实的红唇,看上去不怒自威,令人生畏。他最近来到佛罗伦萨后,形成了强大的影响力,但他拒绝拜访引荐他来此的洛伦佐,这令洛伦佐深感不悦。

萨伏那洛拉甘守苦行生活,他总是一身黑色粗布长袍在街头

萨伏那洛拉的严酷相貌充分展现了其冷峻的性格

> **虚荣之火**
>
> 1492年，洛伦佐黯然离世，两年后随着法国入侵意大利，美第奇家族被驱逐出佛罗伦萨，萨伏那洛拉开始执掌政局并实行严厉的神权统治。
>
> 1497年，萨伏那洛拉下令在市政广场点燃"虚荣篝火"（Bonfire of the Vanities），很多价值连城的艺术品被付之一炬，其中就包括他的忠实粉丝波提切利的大批杰作。
>
> 短短一年后，佛罗伦萨人厌倦了严苛的社会氛围，腐败的博尔贾教皇亚历山大六世（Borgia Pope Alexander Ⅵ）借机革除了萨伏那洛拉教籍。1498年5月28日，被佛罗伦萨人民抛弃的修士遭受攻击和折磨，最终被投入烈火焚烧，就在数年前"虚荣篝火"熊熊燃烧之处。

昂首阔步。大斋节期间，吉洛拉谟修士在圣马可修道院用尖厉的嗓音布道，并配合激烈的动作，使佛罗伦萨人群情激奋，如果能够挤过汹涌澎湃的人潮亲耳聆听他的布道，那堪称幸运。据某些听众说，他的声音宛若电闪雷鸣，能够击透并唤醒每个人的灵魂。

他严肃地告诫市民，与妓女、鸡奸者鬼混，阅读亚里士多德和柏拉图的异端邪说，或收藏异端淫

正在讲经坛布道的萨伏那洛拉紧紧抓住了每个听众的心神

荡画作都是有罪的，如果听从他的劝说则还有昂首做人的机会；对于那些风流成性执迷不悟的人，地狱就在前方，萨伏那洛拉还声色俱厉地描述了其中的恐怖景象。

此外，这位修士不仅敦令信众自我忏悔，还要求他们带动他人联合起来共同推动社会的洗礼。他强烈谴责统治阶层的腐败，鞭挞他们道德上的放纵，这也令佛罗伦萨的统治者们感到紧张。萨伏那洛拉即将接任圣马可修道院院长，在他不遗余力的煽动下，一个新的时代即将到来。

迷信与巫术

占星术是佛罗伦萨人从他们的异教祖先罗马人那里，和别的迷信一起继承过来的恶习。

——马提奥·维拉尼（Matteo Villan）

极端迷信的佛罗伦萨人总是担心厄运降临，他们认为星期六是糟糕的一天，不愿在这天出行。重要家族都会请星象家预测子女的前程，据说哲学家马尔西里奥·菲奇诺就曾为朋友洛伦佐预言次子小乔凡尼将来必将荣登教皇宝座。

想要怀孕的女士通过佩戴辟邪物、护身符或服用草药等方式期待好运的降临；不管家境多么贫寒，孩子们也会佩戴各种辟邪坠饰。最近人们发现有个人脖子上戴的物件居然是价值连城的古玉，如今已经成为洛伦佐最珍贵的收藏之一了。

佛罗伦萨人同样痴迷各类魔法，正与波提切利、基尔兰达约一起为西斯廷教堂创作壁画的柯西莫·罗塞利（Cosimo Rosselli）就沉迷于点金术无法自拔，一直苦苦寻找将普通金属点化成金的神秘配方。洛伦佐跟大部分佛罗伦萨市民一样都相信手相，你经常可以见到当地人掰着手掌煞有介事地解读，他们认为手指细长、掌心宽大的人很可能不是什么好货色，甚至是无赖或小偷，而手小指长的女人分娩时很可能会难产。

但有的人则认为魔法充满黑暗。佛罗伦萨北部山区菲耶索莱被称为妖术、巫法的中心，传说有些怪物会到村中的井里打水，他们的假眼可以像老人的假牙一样取下、塞回。教会当局始终对魔法保持高压，任何有巫师嫌疑的人都会遭受最严厉的惩罚。1484年，英诺森八世颁布训谕，经过审判（通常只是走过场）裁决的女巫应被当众烧死。

八 庆典节日与竞技活动

狂欢节&施洗圣约翰节&其他节日&戏剧&骑士比武与竞技锦标赛&处决仪式

狂欢节

> 我的豆荚又长又软,
> 嫩嫩纤细拿去喂猪,
> 此类玩意多不胜数,
> 巧手烹后又硬又大,
> 一下抓住尾巴,
> 轻轻摇晃上下摩擦,
> 根根都像小丑蠢瓜。
> ——《村姑艳曲》(*Ribald Song of the Village Lasses*),
> 洛伦佐·德·美第奇

> 击打的时候莫心急,
> 轻点用力当心汁液迸溅,
> 火候到了用手指尝试,
> 一切就绪铁杵直没火池。
> ——节选自庸俗艳曲集《狂欢节歌集》(*Canti Carnavaleschi*),
> 洛伦佐·德·美第奇是作者之一

建议你尽量选择在某个主要节庆时日访问佛罗伦萨,此时整座城市都沉浸在欢乐的海洋中,到处都在举办盛大的戏剧演出、精彩的宗教节目和激动人心的竞技活动。无论是欢迎国外贵宾来访的日子，还是喜庆的五旬节、施洗圣约翰节都值得前来。最热闹的节日莫过于狂欢节，大街小巷到处都是彩旗横幅，宫殿窗外挂满了各个家族的金色徽章标志和豪华帷幔，到处都挤满了激情洋溢的人。

你可以戴上面具加入欢乐的游行队伍，一般而言女性是不能参加巡游活动的，但她们的倩影常出现在宫殿的阳台和窗边。有一次某个不安分的家伙把雪球扔向正在窗边观看游行的美人玛丽埃塔·斯特罗齐（Marietta Strozzi，佛罗伦萨名媛），洛伦佐·德·美第奇听说"雪球一下子砸到了少女的脸上"，但玛丽埃塔毫不退缩，"优雅、娴熟、漂亮地进行了反击，所有人都认为她为自己赢回了巨大荣誉"。

佛罗伦萨女士们在狂欢节现身窗台，一群歌手正殷勤献唱情歌

狂欢节期间会举办各行业协会、兄弟会的花车巡游活动，演员们化身寓言、神话人物站在花车上，后面是打扮成猎人、仙女、小丑、乞丐、隐士、星象家甚至魔鬼等的人组成的长队，他们都唱着各种淫词浪曲。调皮又淫荡的爱神厄洛斯蒙着双眼、忽闪彩色翅膀出现，围观人群顿时情绪高涨；醉意正酣的酒神巴克斯跟跟跄跄像要跌下花车，惹得一

片欢呼谑笑。狂欢的气氛通宵达旦，人们挥舞着火把兴奋地满城游走，璀璨的烟火照亮了佛罗伦萨夜空。

特立独行的隐居画家皮耶罗·迪·科西莫（Piero di Cosimo）曾以"死亡的胜利"（Triumph of Death）为题设计过一辆狂欢节花车，车身周遭覆满画有白色骸骨的黑布，死神手持镰刀站在车顶众多墓碑中间。这座花车由一头纯黑的水牛拉着参加游行。

更常见的是佛罗伦萨人成群结队敲着小鼓、唱着小曲穿街过巷的欢快景象，其中很多淫词艳曲都出自洛伦佐之手。他在普通民众中很受欢迎，人们感到在洛伦佐治下毫无拘束，可以纵享节日欢愉，他们颇为自嘲地认领"公爵""将领"之类的称号，其中领头的则自称"国王""大帝"，这些人挥舞着巨大的旗子，上面醒目地绘着各种标志。

施洗圣约翰节

> *这一路走来，每户人家的窗前屋外都装饰着美丽帷幔，长椅、凳子上面铺着精致的绸布，到处都是穿着丝绸华服、珠光宝气的女孩和少妇。*
>
> ——*15世纪佛罗伦萨游客见闻*

> *一大早，所有行会都在店铺外摆满贵重物件、饰物和珠宝，摆出来的黄金、丝绸价值足以媲美十个公国……*
>
> ——*格雷戈里奥·达蒂描绘庆典前夕的景象*

每年6月24日，佛罗伦萨都会举办盛大庆典来纪念城市的守护者施洗圣约翰。节日前一天，商铺店主就将店里用金色绸布装饰一新，教士们在中午高唱圣歌，抬着神圣遗物开始巡游，围观的人还会揶揄圣徒、天使打扮的教士。执政团会率领一支规模更大的队伍在晚间举办游行，其中包括来自16个旗区的显贵市民代表，资深的神职人员，重要行会、兄弟会的成员，以及托斯卡纳境内附属城邦的使节，他们浩浩荡荡地前往洗礼堂，并将蜡像等贡品摆在巨大的木架上。

到了节日当天，市政广场更是盛况空前，一百座金光璀璨象征附属城镇的凯旋塔高高矗立，上面描绘着骑士、步兵、跳舞女孩和各种动物形象，如同效忠国家的封建领主和乡村教区代表一样，这些"城市"代表了附属城邦对佛罗伦萨的敬意。节日当天的巡游规模更大，气氛也更热烈，这些游行队伍从四面八方赶来在洗礼堂前敬献贡品，广场上到处都搭满了印有金色百合花城市徽章的帐篷供人们休息。去年施洗圣约翰节，洛伦佐选择当天为女儿玛达莱娜和弗兰克斯托·西博举办婚礼，更是前所未有地热闹。

巡游结束后等待人们的是丰盛午宴，炭火烤肉、香煲阉鸡、嫩鳟鱼、新鲜馅饼、藏红花甜点、蜜糖蛋糕品类繁多。之后是精彩刺激的特色活动，其中"帕里奥"最受人们欢迎，这是一场非常刺激的赛马活动，引得市民纷纷下注。赛马从阿尔普瑞托城门一跃而出，风驰电掣地掠过街道上触手可及的人群，横跨中心城区直奔终点圣十字城门而去。

意大利足球（Calcio）同样激动人心。这是一项佛罗伦萨年轻工人阶层喜爱的暴力赛事，共有两支队伍参赛，每支队伍有 27 位来自不同旗区的选手。意大利足球赛不需要考虑任何所谓规则，球在哪里根本无所谓，选手们的目标只有一个：将对手打趴、打服，因此如果他们邀请你加入，那要做好非残即伤的准备。

佛罗伦萨的权贵显要们在施洗圣约翰节进行庄重巡游，他们将前往洗礼堂献礼

其他节日

佛罗伦萨每年的节日号称多达 93 个，其中 40 个是公共节日。大多数节日的起源都与宗教有关，这也是难得的几乎所有人都会参加弥撒的时候。当地人不论贫富都喜欢以游行的方式来庆祝节日，例如育婴院就会抬着慈悲圣母玛利亚画像举办巡游，画中的孩子有的尚在襁褓，有的身穿棕色罩衣，但无不双手合拢虔诚祷告，圣母则慈爱地张开怀抱庇佑着他们。

从圣诞节到主显节之间，以及大斋节期间，是一年之中各种宗教庆典活动最高潮的时刻。大斋节是专门用来进行忏悔和斋戒的日子，每年佛罗伦萨政府都会邀请著名传道士到大教堂外布道演说，虔诚的市民将广场挤得严严实实。在棕枝主日（Palm Sunday），教士们手持棕枝从洗礼堂出发，穿过广场前往大教堂行礼，他们边走边将手中的树枝分发给广场上的信众。复活节那一天，人们用圣地（Holy Land）耶稣圣墓的石头击火，再次点燃在受难节熄灭的明灯。这项殊荣在1478年之前一直由帕齐家族专享，因为这块圣石是第一次十字军东征时这个家族的先祖帕佐·德·帕齐（Pazzo de'Pazzi，意为"疯子"）从圣墓亲自带回来的。帕佐也是第一个将旗帜插上圣城耶路撒冷城墙的勇士，但自从他的后人试图推翻美第奇家族失败后，帕齐家族在这座城市的印记几乎被彻底抹去。

除了重要的公共节日外，佛罗伦萨还有名目繁多的地区特色节日，这些节日大多以纪念某位圣徒为名，尽管活动内容各具风格，但一般都会有相应的宗教仪式，当然更少不了热闹丰盛的宴会，人们大快朵颐、把酒言欢，尽情沉浸在欢愉之中。印染行业就有自己的特色节日，在以印染生意命名的科索添多利街（Corso dei Tintori），每年6月11日，工人们都会一起庆祝圣奥诺弗里奥（St Onofrio）节，赛马也是他们的压轴活动。

3月25日是佛罗伦萨人最钟情的天使报喜节，这一天的到来意味着春风再次吹拂托斯卡纳大地。列奥纳多、多纳泰罗、弗拉·安杰利科等众多艺术大师都在绘画、雕塑作品中描绘了此刻的美丽景象。如果这一天你也恰好在佛罗伦萨，一定要去奥特拉诺区的卡尔米内圣母教堂看看，加尔默罗会的修士们在那里摆满了鲜花，洁白的百合象征着圣母玛利亚的无上圣洁与慈爱。

五旬节也很受欢迎，女孩们穿上自己最美丽的春装，手持花枝在圣三一广场翩翩起舞；男孩们则用丝带精心绑好山楂花，挂在心上人门前（过去欧洲人认为山楂花可以阻挡恶魔和邪术，因此山楂往往被种在院子和田野的边上作为屏障，山楂花的花语是守护唯一的爱。——译者注)。一直着力笼络人心的洛伦佐赞助了奥特拉诺区羊毛工人们去年的五月节庆典(这个区域有反对美第奇的传统),慷慨地借给自封"卡马尔多利之王"的工人头目大量杯盏餐具以举办宴会。

在繁华的阿尔诺河北岸,瓦洛布罗萨恩修道会教士们每年5月31日会在圣三一教堂举办"三一主日"招待餐会,这一地

在五旬节庆典上,佛罗伦萨少女向洛伦佐敬献礼物,街角墙头显眼地挂着美第奇家族的小球徽标

区附近的居民都会前来参加。在露天广场的铁架上炙烤着一整头肥硕的全牛,此外还有鸡蛋、面包、沙拉,当然更少不了甘洌醉人的托斯卡纳葡萄酒。音乐家、歌手让现场的气氛愈发热烈,你或许还会见到"一个叫作巴塔罗托(Bartalotto)的加泰罗尼亚人,这个家伙会表演很多翻跟斗、大力特技之类的神奇节目",他有一年曾到这里来过。

那些豪门家族认为将纪念家族先人的活动与重要宗教人物联系在一起将有利于他们的来世。洛伦佐·德·美第奇每年都在圣洛伦佐教堂的美第奇教区举办与他同名的节日活动,他的祖先就被埋葬在圣洛伦佐教堂。朱利亚诺生日的第二天是圣斯蒂芬节(St

Stephen),洛伦佐选择在这一天举办仪式纪念自己不幸遇刺身亡的弟弟。他还选择在圣母访亲节(Visitation of the Virgin)举办仪式纪念自己的母亲卢克雷齐娅。

节日总是离不开美妙的音乐,那些春天的节日更是如此。无论你走在佛罗伦萨的哪个地方,总能遇到鼓手、号手组成的小乐队在欢乐演奏,还有很多街头歌手深情款款地咏唱着甜美的情歌、动人的民谣,以及当地人最喜爱的"八行诗小调"(rispetti e strambotti)。无论贫富,大家都喜欢在一周里找几天在圣马蒂诺广场(Piazza San Martino)共同欢唱,这里也是圣马蒂诺贤士会帮助那些羞于乞讨之人的地方。

人们常看到著名的佛拉芒作曲家海因里希·艾萨克(Heinrich Isaac)出入美第奇宫,这位大教堂风琴乐师最近成了洛伦佐孩子们的音乐教师,教给孩子们羽管键琴、管风琴、维奥尔琴、鲁特琴、竖琴和小号等新流行的乐器。佛罗伦萨人格外钟情舞蹈,缓慢而庄重的《帕凡舞曲》(Pavane)、活泼快速的《加亚尔德舞曲》(Galliard)都非常流行,此外源自德国由鲁特

婚礼箱上的装饰画,反映了 1452 年腓特烈三世到访佛罗伦萨时,全城市民在主教堂广场热情欢迎的场景

琴伴奏的欢快舞曲《阿勒芒德》(*Alemande*) 也很受欢迎。

戏　剧

在教堂和广场上演的宗教剧也很值得一看，这些演出通常在晚祷结束、夜幕降临之前举行。贤士会在每年主显节举办的戏剧演出最为精彩，这不奇怪，因为贤士会的领袖正是佛罗伦萨的领袖——洛伦佐。

总体而言这些戏剧的艺术水准很高，在耶稣升天节，卡尔米内圣母教堂里摆满了鲜花，墙壁上挂着条幅旗帜，中殿正中央搭建有巨大的舞台，打扮成天父和耶稣模样的演员系着绳子悬在舞台上方，扮演天使的孩子们站在两侧的云朵里。演出正式开始后，耶稣先是缓缓降落到舞台上，完成表演后随着天使们撒落的玫瑰花瓣再次升至空中。如此精彩的体验，难怪洛伦佐的儿子乔凡尼一直热衷在父亲创作的戏剧《圣约翰与圣保禄的代言人》(*Representation of St John and St Paul*) 中担纲主角。

音乐在戏剧中发挥着关键作用，佛罗伦萨人难以忘怀波利齐亚诺的《奥菲欧》(*Orfeo*)，演员们饱含深情的吟唱深深打动了所有人的心。

骑士比武与竞技锦标赛

在当今和平岁月，洛伦佐居安思危，将拱卫祖国的信念融入节日中，人们经常见到比武竞技活动，佛罗伦

萨开疆扩土征服邻邦的胜利场景不断重现。他希望借
此永葆这座城市的繁荣，团结民众，弘扬高贵品格。

——尼科洛·马基雅维利

  隆重的竞技锦标赛是佛罗伦萨豪门贵族展示财富和权势的绝佳机会，比赛一般在开阔的圣十字广场举办。当天，广场铺满沙子搭好栅栏，骑士们可以全力冲击目标。各式各样的旗帜插满广场周围建筑外墙。在圣十字教堂正殿门口设有专门坐席，佛罗伦萨的显要们在这里就座观看表演。此时，骑着高头骏马的参赛选手陆续进入广场，这是不容错过的激动人心时刻。骑士们身披甲衣，外面穿着华丽的丝绒罩袍，上面用金丝银线绣着家族徽章，连那些战马的鞍鞯和罩衣也缀满昂贵珠宝。

  1469年，为庆祝洛伦佐执政举办的竞技锦标赛给佛罗伦萨人留下了深刻印象，这位新任统治者将雄主气质展露无遗。当天，洛伦佐穿着红白相间的长外褂，头戴镶有宝石的黑色绒帽。韦罗基奥为洛伦佐专门绘制了胜利锦旗，锦旗中央是其情妇卢克雷齐娅·多纳蒂（Lucrezia Donati）正在编织月桂花冠（Laurel-wreath，这与洛伦佐的名字同音。比武时，将胜利献给城中名媛是当时的风尚，洛伦佐和朱利亚诺的比武大会一时成为市民八卦。——译者注）的画像。那一年卢克雷齐娅亲自为爱人戴上了胜利的奖品———一顶银质头盔。七年后，洛伦佐为弟弟朱利亚诺举办了另外一场盛大的竞技锦标赛，英姿飒爽的朱利亚诺头戴韦罗基奥制作的银盔，他手中锦旗上是情人西蒙内塔·韦斯普奇（Simonetta Vespucci）的肖像，波提切利将这位美丽的女子描绘

成雅典娜(据说波提切利第一眼见到西蒙内塔,就把她视为偶像,一生都深爱这个女人,但作为美第奇家族最器重的艺术家和朱利亚诺的好友,波提切利爱而不得,终身未婚,他以精湛的笔触描绘了美丽的西蒙内塔,让她成为

圣十字广场举办锦标赛时的盛大场面,每个窗户前都挤满了观众

《维纳斯的诞生》等众多作品中女神的原型。——译者注)。

佛罗伦萨其他几个较大的广场也会举办比武竞赛,其中"撒拉逊马上比武"最令人着迷。全副重甲的骑士手持长枪瞄准摩尔人(Moors)的脑袋或心脏迅猛冲击,如果失手,将会重重摔在地上。为纪念佛罗伦萨征服比萨而举办的年度比武锦标赛同样极具人气,年轻的勇士们身披家族传统颜色的战袍,骑着盛装披挂的骏马娴熟展示着战斗技艺。前往比武途中,这些选手还会用长矛敲击恋人住处的墙壁以表达情意。

一切因缘皆如梦幻泡影,浪漫的锦标赛仅过去一年,卢克雷齐娅就被洛伦佐抛在脑后,他迎娶了罗马贵族出身的克拉丽丝·奥尔西尼(Clarice Orsini)。为了庆祝这场王朝联姻,美第奇宫大宴三天,全城市民纷纷前来祝贺。新娘桌边五十多位美丽少女翩翩起舞,宾客们在这场规模空前的宴会中吃掉了上百头牛犊和两千多对阉鸡,一百桶葡萄酒被一饮而光。

处决仪式

> 新圣母玛利亚医院的人看到他仍然冥顽不灵,一直不停地说着复仇之类的话语。执法官们决定对他执行绞刑,很快这个人就被吊死了。
>
> ——1487 年的一份手稿,记载了一名罪犯临死之前在医院里被折磨了两周,最终被吊死

在举行处决仪式之前的几天,你就会听到信使进行宣告。行刑现场一般设在城外,有固定前往刑场的路线,犯人被押解经过波德斯塔宫、大教堂、老市场、市政广场和圣十字教堂,在老市场街角的教堂圣龛前跪下忏悔,随后从正义门(Gate of Justice)出城前往刑场。

有两条街道因为是犯人必经之路而得名:马坎路(Via dei Malcontenti,意为不满之人)与奈利路(Via dei Neri,意为黑色),后者的名字源于押运囚犯的黑衣团(Black Company)。黑衣团隶属圣殿十字玛丽友爱兄弟会(Confraternity of St Mary of the Cross),洛伦佐也是成员,他们负责用马车将犯人押往绞刑台。

佛罗伦萨人对罪犯大肆谩骂时展现了他们性格阴暗的一面,很多罪犯饱受酷刑摧残,通常是被通红的火钳灼烫。佛罗伦萨人还热衷一种被称为猫骑士(Knight of the Cat)的活动,在这个怪诞且令人毛骨悚然的仪式中,他们把一个人的头发剃光、上衣扒掉,然后将他跟发疯的猫关在一个笼子里,让他用牙齿将猫杀死,这个活动有时甚至在婚礼上出现。

有时候某位犯人也会受到人们的同情。1465 年 4 月就有一

个年仅 12 岁弱不禁风的小女孩站在绞刑台前,她被认定杀死了金匠贝尔纳多·德拉·奇卡(Bernardo della Zecca)的女婴,围观市民在巨大的震惊中陷入一片沉默。公众有时会干预处决仪式,有一次在格拉诺广场(Piazza del Grano),人们认为审判不公,一拥而上要求释放两名罪犯,有位旁观者形容"当时呼声震天,不知道的还以为他们得到了全世界的财富"。不过通常情况下不会有意外差池,黑衣团在处决地建有墓地和教堂,罪犯们被押解到这里后进行最后的祈祷,聆听弥撒并领取圣餐,随后一切就交给骇人的绞刑师了。

九 佛罗伦萨周边游

菲耶索莱&美第奇别墅&城市与乡村

> 城外随处可见市民们精心置办的住宅,每座住宅都带有精心打理的私家花园。没想到在乡村郊野有如此之多的官殿和别墅,还有如此之多市民在这里居住,堪称城外之城。
>
> ——格雷戈里奥·达蒂

> 美丽的花园不仅令我和四邻心神愉悦,那些迎着烈日当头匆匆赶路的过客以及偶尔到此的游人无不感同身受。清冽甘甜的山泉尽褪溽暑,但凡来到花园的人都情不自禁地流连在花繁叶茂之中。
>
> ——乔瓦尼·鲁切莱介绍他在卡拉奇(Quaracchi)的别墅

尽管佛罗伦萨人在城中工作、生活,但他们深深热爱着乡村生活。当你走出城门,就会发现林木苍翠的山麓坐落着数百栋美丽的乡间别墅,那里是佛罗伦萨人消暑的绝佳胜地。

从阿尔诺河南岸出发,向南走不多久就抵达幽静的山脚,在这里的阿塞蒂里(Arcetri)有一座加利纳别墅(Villa Gallina),装潢别致令人印象深刻,有个舒适的房间绘有赤裸胴体跳舞的壁画。在城北,弗朗西斯科·萨塞蒂倾尽从美第奇银行赚得的薪酬兴建了一座美丽别墅,将其命名为"皮耶特拉"(La Pietra,意为石头)。

在佛罗伦萨西部的卡拉奇地区,乔瓦尼·鲁切莱也建造颇为气派的大别墅(他还出资兴建了新圣母玛利亚教堂正立面)。鲁切莱家族与佃农的关系一直非常融洽,这些佃农世代都为鲁切莱家族效劳,尽管十年前乔瓦尼已宣告破产,但感恩的佃农们仍心甘情愿地为他打理花园。在乔瓦尼的儿子贝尔纳迎娶南妮娜·德·美第奇(Nannina de'Medici)时,这些朴实的农民用货车将一株巨大的橄榄树献给了新婚夫妇。

菲耶索莱

> 当您在卡雷吉(Careggi)苦于暑气蒸腾时,或许没有注意到菲耶索莱这个小地方。我们这里的住所地处山麓,绿水环绕,柔风荡涤心神,丝毫不受夏日侵扰。从远处看,房屋四周似乎是林木茂密,当您身处这里放眼望去却可以俯瞰全城。周边虽然人满为患,但独此幽处可以游目骋怀尽享清净。
>
> ——阿格诺洛·波利齐亚诺致信马尔西里奥·菲奇诺

菲耶索莱位于佛罗伦萨城市边界北部山区,这里是欣赏佛罗伦萨无与伦比景致全貌的最佳地点。洛伦佐的叔叔乔万尼很早就预见到这个地区的潜力,他请米开罗佐在这里建造了舒适的别墅以远离城市的喧嚣和污浊。洛伦佐的朋友们尤为中意这里,皮科·德拉·米兰多拉、阿格诺洛·波利齐亚诺都长居此地。

菲耶索莱亦是著名的文化中心,过去的一个世纪里,这个地区以及邻近的塞提涅亚诺（Settignano）与米扎诺（Maiano）诞生了一大批最杰出的雕塑家，包括米诺·达·菲耶索莱（Mino da Fiesole）、德斯德里奥·达·塞蒂尼奥诺（Desiderio da Settignano）、贝内代托和朱利亚诺·达·马亚诺兄弟（Benedetto and Giuliano da Maiano）等在内，他们在佛罗伦萨创作了大量艺术杰作。菲耶索莱的教堂也非常多，大主教安东尼诺和画家弗拉·安杰利科都在这里著名的圣多米尼加修道院（San Domenico）皈依入教。据说在菲耶索莱黑魔法盛行、巫术肆虐，很难想象这些圣洁的宗教先驱居然生活在异教徒大本营附近。

美第奇别墅

> 昨天我们离开佛罗伦萨抵达圣米尼亚托，一路上大家畅怀歌唱，但鉴于现在还在大斋节期间，所以间或谈些神圣的话题。我们在拉斯特拉（Lastra）品尝了扎波力诺（zappolino）葡萄酒，说实话口感比预期好很多，而睿智的洛伦佐更是令现场所有人倍感愉悦。
>
> ——阿格诺洛·波利齐亚诺

对于醉心乡间生活的洛伦佐而言，似乎没有比远离城市纵马郊野更快乐的事了，他同当地人一道愉快地品尝腌肉、浓汤以及各种美味佳肴，放怀畅饮甘美的特雷比安诺葡萄酒。

作为极具天赋的诗人，洛伦佐深深眷恋着托斯卡纳这片热土，为此写下了很多优美的十四行诗，描绘迷人的乡村画景。

九 佛罗伦萨周边游

> 碧草如茵的大地上
> 花儿静谧地淡淡绽放
> 欢快奔流的小溪
> 滋润着生机盎然的嫩苗
> 一只小鸟,正悲伤地吟唱爱情
> 这一刻,温柔地安抚了所有心灵燥热
>
> ——洛伦佐·德·美第奇

坐落在菲耶索莱的别墅(Villa Medici)只是美第奇家族众多产业之一,他们在家族发源地穆杰罗建有更多豪华府邸。这是一个位于佛罗伦萨北部的美丽山区,距城区骑马不过数小时,外观如同坚固堡垒的特里比奥(Trebbio)别墅和卡雷吉别墅也位于这里。

科西莫·德·美第奇经常来卡雷吉别墅打理葡萄园,以此"荡涤心灵",而他的孙子洛伦佐则将"柏拉图学园"(Platonic Academy)设于此地,鼓励顶尖人文主义学者来这里砥砺切磋、增进智识。每年11月7日柏拉图诞辰那天,学园会精心邀请九名成员相聚一堂举办纪念活动,一般在马尔西里奥·菲奇诺的别墅举行,诗人阿格诺洛·波利齐亚诺、路易斯·浦尔契、皮科·德拉·米兰多拉,数学家兼制图师保罗·托斯卡内利都是常客。在音乐家安东尼奥·斯夸尔恰卢皮(Antonio Squarcialupi)悠扬的琴声伴奏下,嘉宾们共同朗读柏拉图《会饮篇》(*Symposium*)中的经典章节,一起愉悦地放声高歌。

洛伦佐和朋友们所颂扬的新柏拉图主义试图在希腊哲学和基督教义之间实现某种融合,他们认为是爱的力量使灵魂升入天堂。虽然这听起来有些玄奥，但新柏拉图主义理念启迪了波提切利等一大批艺术家，他们在这一思潮鼓舞下创作了许多大师杰作。波提切利及其明星学生菲利皮诺·利比，以及基尔兰达约、彼得罗·佩鲁吉诺（Pietro Perugino）刚刚圆满完成梵蒂冈西斯廷礼拜堂的壁画创作委托，洛伦佐盛情邀请他们在斯帕达拉托（Spedalotto）的美第奇别墅继续绘制精美的壁画。

洛伦佐最喜爱的地方莫过于正在建造的波焦阿卡伊亚诺庄园，这座美丽的庄园位于普拉托南部。尽管洛伦佐因病痛无法经常前来，但当他和建筑师朱利亚诺·达·桑迦洛谈起这里的规划时总是那么兴致盎然，似乎还没见过什么事情能令他如此高兴。桑迦洛以全新的理念对波焦阿卡伊亚诺庄园进行设计打造，他在借鉴古罗马神殿经典构造的基础上创新，使整座庄园呈现出前所未有的典雅风格。

波焦阿卡伊亚诺庄园既是欢愉骋怀的好地方，还经营有颇具规模的农耕产业，洛伦佐一直对这里的农场进行升级改造。基于对丝织行业前景和价值的展望，洛伦佐在庄园周围规划种植了大量桑树进行养蚕缫丝，源源不断地运往佛罗伦萨供应那里日夜赶工的丝织机。洛伦佐每次来庄园都喜欢跟当地的农民交流，请教实用的耕作技术。当星光布满苍穹，若无其他事烦扰，他会脱下猩红长袍，换上产自卡森蒂诺山谷便宜又舒适的毛布衣，在夜色下创作诗歌，记录深深眷恋的乡间生活，偶尔也弹奏里尔琴随心吟唱。

如今洛伦佐鲜少再风驰电掣地策马猎鹰，他喜欢在满是小灌木和香桃树篱的花园里散步，或是带着朋友欣赏新引进的珍禽异兽。他的动物园里有来自西西里的金色野鸡、突尼斯的羚羊，还有巴比伦苏丹亲自赠予的猿猴、鹦鹉和长颈鹿。洛伦佐最引以为傲的是他培育的骏马，有的被训练专门用作赛马，有的成为外交赠礼。如今良马一匹价值千金，品种优秀的骏马受到整个意大利和各国统治者的追捧，在外交往来中发挥了重要作用，洛伦佐堪称手腕高明的外交大师。

美第奇家族其他成员在城郊也有很多产业，洛伦佐的表亲洛伦佐·迪·皮耶尔弗兰切斯科（Lorenzo di Pierfrancesco）和乔瓦尼·迪·皮耶尔弗兰切斯科（Giovanni di Pierfrancesco）现居卡斯泰洛（Castello）。为了这处别墅，他们与洛伦佐对簿公堂，指控洛伦佐剥夺了继承权。两兄弟最终赢得了这场艰难的官司。而洛伦佐不得不卖掉心爱的卡法吉奥洛（Caffagiolo）庄园，他曾在那里度过了最快乐的童年时光。如果你想前往卡斯泰洛游览，可

波提切利的优美画作，花神芙罗拉正步入爱之花园

以拜访一下洛伦佐·迪·皮耶尔弗兰切斯科的密友亚美瑞格·韦斯普奇，尽管他是声名在外的投机商，但这个人聪明睿智，而且颇富文化修养。更重要的是，他们家族拥有波提切利的绝世杰作《维纳斯与战神》(Mars and Venus)。你未必可以见到这幅作品，但是如果向这位精明的商人提出希望欣赏皮耶尔弗兰切斯科名下的那两幅波提切利作品，他或许会欣然同意。但凡见过这两幅画作的人都认为这堪称整个意大利最优美的作品。其中一幅描绘了美丽赤裸的维纳斯站在贝壳上，风神正将她徐徐吹送向岸边；另一幅取材于寓言，三位女神翩翩起舞，她们旁边另一位女神正将鲜花撒向大地。

城市与乡村

> 那些从泥土里成长起来的庄稼汉令人难以置信地恶毒，他们绞尽心思地愚弄你，自己决不会吃一丁点亏……收成好的时候，他们把最好的那份留给自己，一旦因为天灾或其他原因造成收成欠佳，这些家伙让你除了伤痛和损失之外一无所获。
>
> ——阿尔伯蒂《论家庭》

鉴于佛罗伦萨人的乡村情结和紧密联系，每年8月到9月政府会暂停各类公务，市民们得以离开城市，到乡下料理各自的产业。佛罗伦萨近郊的很多土地都是城中居民的，他们对田地很是上心，通常会租给当地农民耕种，并采取共享收成的方式激励农民最大化地对田地进行开发。如果有机会到田间阡陌，你会惊

九 佛罗伦萨周边游

叹于这些土地竟得到如此充分的利用。这里以种植橄榄和葡萄为主，其间套种玉米、蔬菜，而地力相对薄弱的灌木丛和山地间则放养着成群的猪羊。精明节俭的佛罗伦萨人不仅做到了地尽其利，还努力确保物尽其用，土地上的收成不仅用来自己丰衣足食，还会以实物抵付各类开销。铁匠马西（Masi）在城里租有房屋和店铺，他就跟房主约定除了每年缴纳 15 弗罗林金币，其余租金用每年诸圣日（All Saints Day）的一只大鹅和狂欢节的一对阉鸡抵账。

尽管美第奇、鲁切莱家族和佃农们关系融洽，但实际上城市与乡村之间彼此暗存成见。托斯卡纳的农民们生计异常艰难，特别是那些依赖城市生存的人更是举步维艰，整日劳作的土地并不属于自己，他们脆弱的命运完全掌握在那些养尊处优而毫无同理心的地主手里。农民们辛苦收获的作物价格也完全由城中市场决定，有时劳作一年甚至连自身都无法养活。优质的小麦、黑麦、谷子通通被运往城市，农民们一家子只能以粗麦、野豌豆等勉强

在安布罗吉奥·洛伦泽蒂（Ambrogio Lorenzetti）的画作中，和平氛围下的城市和乡村一派欣欣向荣

果腹。

你在游历途中如果遇到这些农民,他们往往诉苦连天,税收制度上政府只顾城市利益,乡村毫无话语权。成群结伙的雇佣兵还会恐吓他们、劫掠行人,令乡村危险丛生。一旦发生战争,最大的受害者还是他们,田地里的庄稼被军队践踏殆尽,财物被霸占,房屋被摧毁,妻女被强暴。难怪那么多农民背井离乡到城市漂泊,希望寻一份安稳,幻想在那里过上理想的生活。

如果说农民们对城里人心存怨念,反过来也完全一样。在佛罗伦萨市民眼里,乡下人是无比粗野的群体,他们每天以大蒜、煮白菜和清汤寡水过日子,这些剽悍鲁莽的农夫动不动就上演血海宿仇、偷鸡摸狗、地界纷争或团伙报复之类的事。虽然他们目不识丁,但只要有半点机会就会钻空子占便宜,因此必须让他们待在该在的地方。一向被认为富有同情心的善良贵妇亚历珊德拉·斯特罗齐,也曾轻蔑地写道:"我已灌溉好田地等着来年丰收,现在必须把事情理顺,要是那两个老家伙(皮埃罗和莫娜·西莉亚)还没死就必须出去乞讨,让老天来养他们吧。"

# 十 环游托斯卡纳

阿雷佐&科尔托纳&普拉托&卢卡&比萨&圣吉米那诺&锡耶纳&皮恩扎

在领略佛罗伦萨风情后,是时候探索托斯卡纳其他地区的迷人魅力了。有三条游历线路供你选择:向东寻访伊特鲁里亚(Estruscan)古城阿雷佐和科尔托纳;沿阿尔诺河谷向西,行经富饶的普拉托、卢卡,直抵入海口港城比萨;向南通往罗马的卡西亚大道,沿线坐落着风景旖旎的圣吉米那诺、锡耶纳和皮恩扎(Pienza)。无论选择哪条线路,建议你跟当地人聊天时都不要拿所在城市与佛罗伦萨比较,这会令他们非常反感,而且你很快会感到完全没有这个必要。每座城市都独具特色,当地的节日庆典同样热闹非凡,艺术作品同样举世无双。在托斯卡纳的每个地方,人们都由衷为同胞取得的辉煌成就感到自豪。

阿雷佐

阿雷佐与佛罗伦萨之间的关系相当微妙,这座城市诞生了众多名人巨匠,但令当地人懊恼的是,他们的杰出同胞似乎都喜欢告别故土,去更大的地方成就伟业。

从遥远的奥古斯都时代起,伟大的艺术赞助者盖乌斯·梅塞纳斯(Gaius Maecenas)就早早离开阿雷佐,奔向了罗马的璀璨

之光。彼特拉克也诞生在阿雷佐,但这个意大利文学史上最光辉的名字连同他的荣耀一道,与但丁、薄伽丘等先贤都被列入佛罗伦萨的文学圣殿。还有本世纪初的著名政治家、人文主义者列奥纳多·布鲁尼和卡洛·马苏皮尼,二人先后在佛罗伦萨担任共和国执政官并最终被安葬在圣十字教堂的豪华陵寝里,但他们都是地地道道的阿雷佐人。实际上,连布鲁尼的名著《编年史》(*Lauditio*)赞颂的都不是自己生于斯长于斯的故乡,而是那个成于斯葬于斯的第二故乡。

反观阿雷佐,直到1384年被佛罗伦萨征服,一直是罪犯的流放地,但丁就因在圭尔夫党内部派系斗争中选错立场,被判处永久流放于此。时至今日,来过阿雷佐的佛罗伦萨人大多都认可詹蒂莱·贝基(Gentile Becchi)的判断(他也是阿雷佐的新任大主教和洛伦佐曾经的老师):这是一座文化贫瘠的守旧之城。

撒拉逊马上比武节

纵然是兴趣索然的佛罗伦萨人,也会情不自禁沉醉在阿雷佐愉悦的生活氛围中。但丁曾在著名的《神曲·地狱篇》里描写过阿雷佐的骑士比武活动——撒拉逊马上枪术大赛,这项传统活动起源于十字军东征时代,得名自以撒拉逊人形象制作的木偶标靶(Quintain)。每逢重要节日,人们都会在阿雷佐大广场举办这项活动,如今已经成为全意大利最激动人心的比赛之一。

阿雷佐四个城区的四支代表队会先前往大教堂接受主教祝

十 环游托斯卡纳

福，随后进入陡斜的大广场准备比赛。每支队伍包括一名队长和四名骑士，他们手持长矛盛装打扮，随行有步兵、旗手、弓箭手、长戟兵、鼓手和号手。每个城区的队伍都穿着代表本区传统颜色的服装，十字城区（Porta Crucifera）代表队身着红绿相间的甲胄，蓝色和黄色是圣神城区（Porta Santo Spirito）的传统颜色，绿色和白色代表着圣安德鲁城区（Porta Sant'Andrea），深红色和黄色是市政中心区（Porta del Foro）的传统代表色。

> **来自东方的威胁**
>
> 托斯卡纳人非常怀念十字军东征的时代，自从撒拉逊军队重新夺走圣地，威胁似乎再次迫在眉睫。
>
> 就在十年前，佛罗伦萨共和国正与那不勒斯王国兵戎相见，英勇的洛伦佐·德·美第奇冒险前往那不勒斯与国王费兰特议和，可以说正是突然出现在意大利"脚跟"奥特朗托（位于形似靴子的意大利国土东南部，故称其"脚跟"。——译者注）的土耳其军队救了他一命。突如其来的土耳其军队占据港口，大肆屠杀基督徒，费兰特因此不得不与洛伦佐草草结下和平盟约，以腾出手来对付这些出其不意的穆斯林军队。

手持金色长矛的主持人一声令下，骑士们平举手中长矛，依次全速向木偶标靶发起冲锋。木偶有时会被打造成印度群岛国王或异教徒模样，一手持盾形标靶，一手拿着三条系着装铅皮球的鞭绳。当进攻一方击中标靶则计得分，势大力沉的优秀骑士一击之下可以将长矛折断，如果错失标靶反被皮球击中则算失分。此时阵营鲜明的观众疯狂地为本区队伍得分欢呼，当对手不幸落马则报以无情嘲弄，比赛结束时，胜利者将赢得金质长矛。

皮耶罗·德拉·弗朗切斯卡（Piero Della Francesca）

或许你在佛罗伦萨的时候就对皮耶罗·德拉·弗朗切斯卡有所耳闻，尽管佛罗伦萨人认为他在那里根本得不到什么体面的作品委托，走投无路才到了阿雷佐，但在这里皮耶罗堪称最伟大的画家。他至今仍住在附近的圣塞波尔克罗（Borgo Sansepolcro），只是身体比较虚弱，多年前因为视力减退已不再创作。

一直肩负守护耶路撒冷圣地职责的方济各会不断宣扬他们的神圣使命，他们在佛罗伦萨的主要教堂也因此被命名为圣十字教堂。在阿雷佐，弗朗西斯科家族将方济各会的圣弗朗西斯科（San Francesco）圣殿作为家族墓堂，因此很自然地弗朗西斯科·巴奇（Francesco Bacci）和他儿子乔瓦尼委托皮耶罗在此创作《真十字架传奇》（Legend of the True Cross），令游览者身临其境般走入圣城耶路撒冷。

在阿雷佐人看来，皮耶罗壁画中的人物严肃端庄，远胜同时代佛罗伦萨画家的作品，不过他显然受布兰卡契礼拜堂的马萨乔壁画作品风格影响颇深。圣弗朗西斯科圣殿这组壁画作品描绘了美丽的希巴女王（Queen of Sheba）和女仆形象，还有君士坦丁大帝在随从护卫下安然入睡的画面。阿雷佐人会推荐你两个画面一组来欣赏这幅作品，底部的两个画面描绘了战斗场景，其上是希巴女王和圣海伦娜（St Helena）发现真十字架的场景，最顶部描绘的是亚当之死和真十字架受到尊崇。

皮耶罗出生于附近的圣塞波尔克罗，六个世纪前朝圣者们从耶路撒冷圣墓教堂带回来两件珍贵遗物，这也是这座小镇名

皮耶罗笔下希巴女王的优雅风采展现了他足以比肩佛罗伦萨一流画家的艺术水准

字的由来。城镇的象征是复活的基督,皮耶罗在镇公所里创作了气势恢宏的壁画《复活》(*Resurrection*),在黎明的晨光中,耶稣走出坟墓,四名卫兵在他脚下酣睡,据说其中一名士兵正是画家本人。为了纪念自己的母亲,皮耶罗在她安葬的蒙特其镇(Monterchi)礼拜堂创作了《分娩时的圣母》(*Madonna del Parto*),这也是他最优秀的作品之一。两名天使拉开帘帷显现受孕的圣母,她因知晓圣子将面临的悲惨命运而垂泪。

科尔托纳

从阿雷佐策马南行,不出半天就能抵达傲立山巅的古城科尔托纳。这座古城历史悠久,在佛罗伦萨出现之前就已存在,它和阿雷佐都是意大利中部早期统治势力伊特鲁里亚十二城邦之一。

科尔托纳风光秀丽,俯瞰着开阔的特拉西梅诺湖(Lake Trasimene)。在这片湖畔,迦太基统帅汉尼拔曾屠戮整支罗马军队,是他军事生涯的高光时刻。因为这场极度血腥的战役,科尔托纳有几个村庄被命名为欧塞亚(Ossaia,意为骨头)、桑吉内(Sanguineta,意为鲜血),时至今日农民在翻地时还会偶尔刨出那个悲惨军团的士兵骸骨。

科尔托纳也是一座宝藏城市,画家路加·西诺雷利(Luca Signorelli)被当地人视为骄傲,你在这里的很多教堂都可以欣赏到他的作品。不同于圣多米尼加修道院中弗拉·安杰利科《天使报喜》的优美典雅,西诺雷利创作的人物生动饱满,充满张力。

令科尔托纳更出名的是城墙外一家制革厂。据说在这家制革厂的外墙出现了圣母显像的惊人神迹,人们纷纷来此朝圣。为了接待蜂拥而来的朝圣者,锡耶纳最杰出的建筑师弗朗西斯科·迪·乔治(Francesco di Giorgio)接受委托在此建造一座教堂。圣母显像的庄严神迹震撼着远道而来的信众心灵,而科尔托纳人则殷勤地招待长途跋涉后饥肠辘辘和疲乏的身躯,当然这也让当地人获利匪浅。

普拉托

普拉托位于佛罗伦萨西面,骑马只需几个小时即可抵达,你既可以选择从佛罗伦萨出发当天往返来此一日游,也可以在这里的阿尔贝格·黛拉·斯特拉(Albergo della Stella)旅馆住上一晚。地处强国之畔,加上布匹贸易的高度依赖性,普拉托很难摆脱佛罗伦萨的强大影响力。有一次爆发骚乱,洛伦佐得到消息后短短数小时,佛罗伦萨军队就抵达城市广场,迅速平息了事端。

十　环游托斯卡纳

普拉托保有一件珍贵且特别的神圣遗迹——圣母腰带（Virgin's Girdle），每年9月8日在大教堂外的布道台会公开展示这件圣物。如果你选择那一天到这里，会发现整个主教堂广场人头攒动，人山人海。找个其他日子来这里，可以欣赏一下这座由米开罗佐设计，专门用来展示圣物的布道台，其四周装饰有多纳泰罗亲自创作的天使浮雕群像。还可以到教堂里瞻仰一下圣母腰带，这件圣物平时就被供奉在礼拜堂。

如果你不想总是被严肃神圣的氛围所包围，可以欣赏浪荡画家菲利普·利皮创作的大型唱诗台壁画，翩翩起舞的莎乐美裙裾飞扬，令希律王和客人们迷醉其中不能自拔。科西莫的私生子、现任普拉托大教堂主教卡洛·德·美第奇出现在众多客人形象中，想必菲利普对这些风流韵事颇为熟悉，而美艳的莎乐美原型

两个富足的普拉托银行家正端坐在桌前，准备开始新一天的生意

> **圣母腰带**
>
> 你或许好奇，圣母腰带是如何来到普拉托的，圣母在升天之际将腰带遗赠给了圣多马，随后圣多马将这条神圣腰带留在了圣地。
>
> 数个世纪过去，普拉托一位叫弥额尔（Michele，与天使长同名）的年轻人和耶路撒冷一位名叫玛利亚（Maria，与圣母同名）的姑娘订婚，弥额尔惊奇地发现这位姑娘居然拿出圣母腰带作为嫁妆。喜出望外的弥额尔回到故乡普拉托后，将圣母腰带小心地藏在床垫下面。这可惹恼了注视着一切的天使，他一躺下，天使们就把他从床上扔下去。1174年，弥额尔在弥留之时终于感到悔疚，将腰带献给了普拉托大教堂。
>
> 为了供奉圣母腰带，人们在大教堂里专门建造了一座礼拜堂，教堂和政府各保管一把钥匙共同守护这件圣物。如果你有幸亲眼见到圣母腰带，那将与亚西西的方济各、锡耶纳的圣伯纳丁、教皇亚历山大五世和拜占庭皇帝约翰八世·帕里奥洛格斯一道被列入显赫的来访者名单。

则是他拐骗而来的妻子卢克雷齐娅。

因为圣母腰带的缘故，普拉托人对圣母玛利亚极其尊崇。六年前，当地一座监狱也出现了圣母显像的神迹，卡尔切里（Carceri）圣母教堂很快建成，用来接待如潮水般涌来的朝圣者。为了取悦洛伦佐，普拉托人还就教堂建造委托事宜专程向他请教，洛伦佐给他们推荐了正在建造波焦阿卡伊亚诺庄园的朱利亚诺·达·桑迦洛。

皮斯托亚是普拉托西面的一座城镇，人们普遍对这里没有太大兴趣。皮斯托亚以生产一种被称作"皮斯托尔"（pistole）的小匕首而闻名，考虑到这座小镇向来以暴力泛滥出名，这倒也是一个很合适的产业。

卢 卡

卢卡之所以出名,是因为跟普拉托一样也供奉有一件珍贵的神圣遗物——圣容雕像(Volto Santo)。据说尼哥底母(Nicodemus)协助将耶稣的遗体从十字架上卸下后,亲手雕刻了这座受难木像,让世人得以一睹救世主的真正容貌。这件圣物享有巨大的声誉和威望,连远在英格兰的诺曼人国王威廉·鲁弗斯(William Rufus)也总以此起誓:"以卢卡的圣像名义起誓(*per sanctum Vultum de Luca*)。"当地人非常希望卢卡能因此升格为朝圣之地,这样会极大带动经济繁荣,为此他们将圣容雕像印在了卢卡钱币上面。

普拉托城全貌,城外一队骑兵正疾驰而来

据信由尼哥底母雕刻的圣容雕像,现珍藏于卢卡大教堂

圣容雕像现位于卢卡大教堂的一座小礼拜堂里,这个礼拜堂最近刚刚完工,由本地极具天分的雕塑家、建筑师马泰奥·奇维塔利(Matteo Civitali)设计建造,雕像前总是挤满虔诚祈祷的信众。当你参观卢卡大教堂时,在角落会见到一座精美的大理石棺,这是15世纪卢卡领主保罗·吉尼吉(Paolo Guinigi)委托雅各布·德拉·奎尔查(Jacopo della Quercia)为自己的爱妻伊莱莉亚·德尔·卡雷托(Ilaria del Carretto)亲自雕刻制作的。

9月13日是卢卡最重要的日子,人们小心翼翼地将圣容雕像抬上车子,沿着蜿蜒的街道,光荣地进行环城大巡游。圣弥额尔教堂是巡游的必经之地,这座教堂的正立面华丽而恢宏,顶部矗立着圣弥额尔(St Michael)手刃巨龙的雕像,威风凛凛的天使长俯瞰教堂前的广场,这里曾经是古罗马时代的讲演广场，恺撒、庞培和克拉苏在这里举办过著名的三方同盟会谈。

你可能会奇怪，这座小小的城邦是如何保持独立的。特别是卢卡将领卡斯特鲁乔·卡斯特拉卡尼在上世纪初几乎攻占了佛罗伦萨，至今被佛罗伦萨人视为奇耻大辱，无时无刻都想要报此深恨。这是因为卢卡位于法兰契杰纳朝圣之路沿线，络绎不绝的朝圣者为这里带来了丰厚的财富，商人们也通过丝绸贸易获取了巨额利润。依托雄厚财力，卢卡建造了令人叹为观止的城墙工事，固若金汤的环城壁垒令佛罗伦萨人不敢贸然发起进攻。

> **圣像之争**
>
> 尼哥底母将圣容雕像雕刻完成后放入大海任其漂流，岁月流转一直到了遥远的8世纪，雕像才再次出现在托斯卡纳海岸。
>
> 当地的卢卡人和利古里亚的卢吉人（Luni in Liguria）都声称圣像归自己所有，卢卡大主教受邀来处理纷争。为了表明自己毫无偏倚，大主教命人将雕像装在一辆牛车上，让这头无人驱赶的牛来决定圣像归属，最终牛车径直来到了卢卡。
>
> 这座雕像原本安放在圣弗雷迪亚诺圣殿，1070年的祝圣仪式上，这件神圣遗物被正式供奉在卢卡大教堂。

比 萨

最近这里没有什么新鲜事，倒是附近的比萨比较热闹。非凡的洛伦佐正和费兰特国王的部下们在那里架鹰狩猎，费兰特国王亲手赠他两只顶级鹰隼，可惜它们远走高飞，都跑掉了。

——一位大使给费拉拉公爵的报告

比萨人渴望回到过去，他们为这座城市及其历史深感自豪，时至今日他们仍沉浸在比萨海洋共和国（Pisan Maritime Republic）的辉煌旧梦中。当时强盛的比萨占有撒丁岛（Sardinia）和科西嘉岛（Corsica），贸易前哨西抵巴利阿里群岛（Balearic Islands），东至叙利亚，成为雄霸地中海的海洋强国之一。比萨海上舰队的实力与热那亚人、威尼斯人和撒拉逊人并驾齐驱，军事力量足以抗衡佛罗伦萨、卢卡。如今这些早已化为往日烟云，比萨已经臣服于佛罗伦萨治下八十多年了。

洛伦佐·德·美第奇意识到比萨人对痛失独立耿耿于怀，他尽自己所能提振比萨的发展。洛伦佐花费了巨大心力在这里兴修运河、疏浚水道。作为阿尔诺河入海口，河道淤塞对这座港口城市以及佛罗伦萨的贸易都将造成巨大影响。

奇迹广场（Piazza dei Miracoli）

所有比萨人都会不假思索地向你介绍堪称奇迹的建筑群，它们远胜卢卡的所有建筑，令人印象极其深刻，这些建筑所在区域也被命名为"奇迹广场"。

大教堂、洗礼堂、钟楼和圣广场墓园四座耀眼的白色大理石建筑坐落在广场上，这些建筑建造于11—13世纪。当时，比萨正处于历史鼎盛时期，横行四海的商人们创造了无比巨大的财富，很快就兴建了这片无比瑰丽的建筑。条纹大理石、连拱柱廊以及繁复的雕塑纹饰展现了独特的新风格，谁也不确定这种风格是否受到了当时比萨宿敌撒拉逊人的影响，甚至或许还有伦巴第和君士坦丁堡建筑风格的影子。

大教堂在 12 世纪甫一竣工亮相就惊艳了世间,人们很快决定仿此风格再建造一座洗礼堂,这种独特的建筑风格很快风靡整个托斯卡纳。卢卡、皮斯托亚、普拉托和阿雷佐地区的教堂都在仿造比萨大教堂的样式风格,连锡耶纳大教堂和佛罗伦萨洗礼堂也深受影响。不出所料比萨人因此嘲讽这些邻城:没有一座城市能自己设计一座体面的建筑。条纹大理石建筑风迅速传遍意大利,连最南端的普利亚(Puglia)和汪洋中的厄尔巴岛(Elba)、科西嘉岛以及撒丁岛都流行起这种建筑风格。

更令人瞩目的是比萨钟楼,比萨人对这座看起来行将倾倒的斜塔有着异乎寻常的骄傲,他们喜欢煞有介事地讲述那个因斯布鲁克(Innsbruck)罗锅乔瓦尼的故事。这个石匠出身的家伙在 13 世纪末设计了这座钟楼,因不满自己罗锅的命运故意将钟楼也造歪了。

奇迹广场上的第四座建筑是圣广场墓园,传说墓园中的泥土是大主教兰弗朗西在 1200 年亲自从圣地带回来的。这片圣土拥有神奇的力量,布满灵性的堆肥能够将尸身在短短几日内化作骸骨。墓园墙上绘有精美的壁画,部分作品出自当代名家贝诺佐·戈佐利之手。还有一些时代久远的壁画如《死亡的胜利》(*The Triumph of Death*)、《耶稣受难》(*Crucifixion*)和《最后的审判》,这些壁画大多创作于"黑死病"刚刚结束的年代,生动地再现了那些至今仍历历在目的恐怖场面。这里还曾经悬挂有锁闭港口的铁链,不过你最好不要跟比萨人重提这段羞辱往事,因为这条铁链已于 1362 年被热那亚人夺走。

比萨的雕塑家

在比萨，有两位最伟大的雕塑家令市民引以为傲，他们并非生于此城，但都以此城作为自己的名字。尼古拉·皮萨诺（Nicola Pisano）来自意大利最南端的普利亚，13世纪来到比萨开始创作生涯。比萨洗礼堂的讲经台是他最优秀的雕塑作品，展现了强烈的古典主义风格。

尼古拉的儿子乔瓦尼（Giovanni）是他的主要工作助手。14世纪初，乔瓦尼为比萨大教堂制作了同样精美的讲经台，他雕塑的人物姿态丰富，充满张力，与他的父亲相比，呈现了更多现实主义风格。天赋是如此偏爱比萨人，另一位雕塑家安德烈·皮萨诺制作了佛罗伦萨洗礼堂的南侧铜门（这扇门是洗礼堂最早

尼古拉·皮萨诺创作的比萨洗礼堂讲经台，这件技艺精湛的作品影响了数代托斯卡纳雕塑家

的第一扇门,并不是吉贝尔蒂与布鲁内莱斯基竞争的那一扇)。著名的比萨斜塔最早也是由一位叫作博纳诺·皮萨诺(Bonnano Pisano)的人在1173年开始建造的。

佛罗伦萨人当然不会承认比萨的文化优越性,他们认为多纳泰罗制作的圣洛伦佐教堂讲经台远胜那个什么尼古拉还是乔瓦尼,吉贝尔蒂的洗礼堂铜门更是大大超过安德烈·皮萨诺,而奇迹广场的教堂穹顶跟布鲁内莱斯基大穹顶根本不能相提并论。至于比萨的绘画,到阿尔诺河南岸卡尔米内圣母教堂瞻仰一下马萨乔的祭坛画吧,放眼整个比萨没有任何一个画家能媲美这位佛罗伦萨人的辉煌成就(显然加尔默罗会对马萨乔极其青睐,在本教会的布兰卡契礼拜堂收藏了他最伟大的作品)。

节日活动

在比萨的节日活动中,最激动人心的当数"桥戏"(Gioco del Ponte),建议你尽可能选择活动当天前往比萨一睹盛况。每年1月17日圣安当(St. Anthony Abbot)纪念庆典,比萨人会先行举办名为"群斗"(Battagliaccia)的彩排活动,但正式的"总决战"(Battaglia Generale)一般选择在佛罗伦萨重要人物来访时举办(这也令比萨市民深感屈辱)。

活动当天万人空巷,比萨市民都聚集在阿尔诺河畔,观看两支队伍争夺最为重要的桥梁——中桥(Ponte di Mezzo)。胆小的人可看不了这个场面。如果你感到不舒服,可以欣赏阿尔诺河两岸精彩的巡游活动，盛装打扮的游行队伍高举着旗帜，分别代表比萨的四大城区：位于阿尔诺河北岸的圣玛利亚和圣弗朗西斯科也被合称为"特纳蒙塔纳"（Tramontana，意为北风），南岸的圣马丁与圣安东尼奥则统称为"梅佐乔诺"（Mezzogiorno，意为正午）。

"桥戏"俗称"击盾战斗"（mazzascudo），得名于选手们所持的盾牌。这种盾牌一头宽一头窄，既可以用来防守，也可以用来攻击。比赛开始后，选手们全副武装，一手紧握盾牌，一手挥舞钉头槌和长棍，毫不留情地发动攻击，直到完全占领中桥，很多人身负重伤甚至为之殒命。率先控制中桥的队伍为获胜方，在市政厅接受胜利锦旗。

据说这项活动可以追溯到1005年，机敏的少年金兹卡·德·西吉斯蒙迪（Kinzica de'Sigismondi）发现入侵的撒拉逊人正乘着夜色偷偷攀登比萨城墙，他迅速敲响教堂的警钟，使守卫们得以迅速部署并最终击退敌军。

如果你更喜欢轻松的活动，可以观看阿尔诺河上举办的划船比赛。这是一项每年8月15日圣母升天节（Assumption）纪念庆典都会举办的活动，用来庆祝比萨辉煌的海上强权。虽然现在比萨已被佛罗伦萨所控制，但比赛本身依旧扣人心弦，划船手们展示了力量与技艺的结合之美。根据传统，优胜者将被授予锦旗，而失利方则会得到一只小鹅。

比萨大学与美第奇家族

> 我从乡村回来后听说您已动身前往比萨,遵照指示我已被任命为大学的总监之一。非常感谢您能授予我这个职位,这是我的荣幸,很高兴自此可以在您麾下效劳。
>
> ——1473年9月,多纳托·阿奇奥欧利(Donato Accaiuoli)
> 向洛伦佐致意

如果你想学习法学、医学或神学,比萨大学已经取代佛罗伦萨大学成为首选(尽管佛罗伦萨大学自上个世纪就已成立),这在很大程度上要归功于比萨大学的赞助者洛伦佐。为了不断提升比萨大学的声誉,洛伦佐聘请了很多著名学者来此任教,比如从博洛尼亚大学挖来了杰出法学家巴托洛梅奥·佐齐尼(Bartolomeo Sozzini)。

从洛伦佐在比萨花费的时间你就可以看出他对这所大学多么重视。有一年诸圣日,他甚至错过了重要的家庭聚会,洛伦佐的母亲因此伤心地写信给他:"我们让马索给你送去宴席和朋友们享用,里面有鹅肉、栗子还有饺子……多希望你能回家来啊。"洛伦佐的弟弟朱利亚诺曾在比萨读书,但他似乎更喜欢享受这里的美妙风情,朱利亚诺在1474年5月写信给母亲:"我们已经安全抵达了,一切都好。今天我们一起参加了舞会,明天我们还会参加马上比武锦标赛,这是本地的传统活动,感觉应该很不错。"听说这里的生活如此享受,很多佛罗伦萨人都追随朱利亚诺的脚步,纷纷选择来比萨大学就读。

圣吉米那诺

圣吉米那诺是一座充满沧桑感的古城，遮蔽天际的高塔令人仿佛回到那个遥远的时代，当时托斯卡纳的每个城镇都建得好像石塔丛林。这里的女士们根本不理解为什么建造这些高塔，它们毫无实际意义，带着采购物资的奴仆根本没办法爬上那么多阶梯，更何况那种固守高塔之上向下扔石头自保的日子早就一去不复返，为什么不能像佛罗伦萨那样文明地在宫殿生活呢？不过如果跟她们的丈夫聊聊，他们会告诉你另一种视角，特别是那些在这里拥有塔楼的人士认为这是一种身份的象征，全城人都仰望着耸峙入云的高塔，他的客户、朋友借此便知塔楼主人在当地的重要地位。

圣吉米那诺的发展得益于其重要的地理位置，这座小城坐落于法兰契杰纳朝圣之路上。在这条连接法兰西和罗马的大道上，各色朝圣者往来不息，有篷车跟随的富商，也有仅带着拐棍、衣衫褴褛的穷苦信众，他们只能在城中最便宜的旅馆歇息。依靠这条古已有之的朝圣要道，圣吉米那诺人着实挣了很多钱，今天在朝圣者们居住的旅馆里，你还可以看到圣殿骑士团（Templar）和医院骑士团（Hospitaller）在第一次十字军东征时留下的各种标志印记。

圣吉米那诺还是著名的纺织品贸易中心，春天城外田野里开满了灿烂的黄番红花，这种花被用来制作橘黄色染料，是佛罗伦萨布料贸易至关重要的染色剂，染料的制作方法至今都被严格保密。如果你换个季节，在秋天葡萄酒酿丰收时来圣吉米那诺，可以品尝到口感绝佳的维奈西卡葡萄酒，这也是洛伦佐和教皇马丁四世的最爱，他们非常喜欢经过这种美酒腌浸后再用炭火焙烤的鳗鱼。

作为紧邻佛罗伦萨共和国南部边界的城镇，圣吉米那诺建有令人印象深刻的城池壁垒不足为怪。但为了表示忠诚，最近圣吉米那诺将城中很多主要艺术作品委托都给了佛罗伦萨艺术家（在之前锡耶纳统治时期，这些委托是属于锡耶纳画家的特权）。在被称为学院教堂（Collegiata）的圣吉米那诺大教堂里，最精美的壁画就是委托多梅尼哥·基尔兰达约创作的。这幅作品位于朱利亚诺·达·马亚诺设计的精美小礼拜堂中，展示了圣菲娜（St Fina）的传奇生平。这个以品性善良和甘守苦行生活而闻名的女孩一直坚持睡在木板上，父母对此颇为不解。她去世时，那块木板忽然开满紫罗兰花。在这位圣女葬礼上发生了很多激动人心的

圣吉米那诺的塔楼丛林连接天际，是托斯卡纳最著名的特色风光之一

神迹，一名护士长期瘫痪的手臂神奇般恢复如初，一位失明的书记员也得以重见光明。如果你仔细观察基尔兰达约的这幅作品，会发现画家将自己以及弟弟戴维、妹夫塞巴斯蒂安·马纳尔迪画进了围观者之中，虽然这个故事发生在遥远的200多年前。

实际上基尔兰达约追随贝诺佐·戈佐利的脚步而来，戈佐利已经在圣吉米那诺创作了大量作品。他笔下的人物总是焕发着欢欣乐观的神采，比如学院教堂的圣塞巴斯蒂安画像，弓箭手们高速射出的利箭密密麻麻穿透了他的身体，但这位圣徒却微笑着凝视画外，似乎将生死置之度外。戈佐利还在城镇北端圣奥古斯丁（Sant'Agostino）教堂的圣坛创作了壁画《圣奥古斯丁的一生》，描绘了圣奥古斯丁出发前往学校，护卫为他脱下马刺，以及他在朋友陪伴下策马穿行托斯卡纳原野等场景，恬然自若的圣徒似乎同样没有意识到即将在早期教会承担的历史使命。

锡耶纳

> 古老的锡耶纳，圣母之城，
> 意大利之荣光，辉耀四方，
> 她天然拥有高贵的民主品性，
> 长享安定与和平，
> 她因美德而兴，
> 声誉卓著而无与伦比，
> 田地原野谷物丰茂，美酒佳酿芬芳四溢，
> 既有壮丽美景，更兼财富充盈，
> 这里的美人举世无双，

十 环游托斯卡纳

> *这里的高塔耸峙入云，*
> *衷心祝福您岁月静好，*
> *一切皆如所愿，*
> *衷心祝福您永享欢乐，*
> *圣母之城坚不可摧。*
>
> ——1484年，圣母升天节之赞歌

没有一个人来到锡耶纳，却不会爱上这座唯美之城。田野广场上，城垛连绵的市政厅仿佛童话中的城堡，这里也是城镇礼堂和政府所在地。杜乔、西蒙·马丁尼（Simone Martini）的画作更令这座城市充满柔情和优雅。如果你找了当地导游，毫无疑问他也会如是而言，还会告诉你14世纪早期锡耶纳黄金年代的荣光。当时的九人议会（Noveschi）鼓励繁荣商业贸易，致力于善治善行，确保每条街道干净整洁，家家户户净水供应充足，众多著名

贝诺佐·戈佐利壁画作品《圣奥古斯丁的一生》场景之一，处处可见幽默细节。画面中，奥古斯丁正准备出发去学校，但一个光着屁股吵闹的孩子吸引了我们的注意力

艺术家和大教堂、市政厅等辉煌建筑令这座城市闻名海外，成为整个欧洲最伟大的城市之一。商人银行家带回了巨大的财富，锡耶纳似乎一度将承继罗马城的荣光，而实际上，母狼同样是这里的城市象征，锡耶纳人声称正是勒莫斯（Remus，罗马古城的创建者之一，是母狼救活的双胞胎兄弟中的弟弟。——译者注）的双胞胎儿子创建了这座伟大的城市，它的历史也远比佛罗伦萨悠久。

这里的导游会特别强调他们的信仰极度虔诚。意大利最重要的两位圣徒圣凯瑟琳和圣伯纳丁都是锡耶纳人，比佛罗伦萨的一切人物地位都要崇高。圣凯瑟琳是14世纪晚期重要的历史推动者，她成功说服了教皇从阿维尼翁重返罗马圣城，据说这位贞洁的圣女曾与耶稣缔结过神秘婚姻（这已成为备受画家喜爱的创作主题）。圣伯纳丁脸颊凹陷，嘴巴下弯，下巴瘦削，看起来其貌不扬，却是托斯卡纳最伟大的布道者。

1458年，锡耶纳著名的人文主义者艾伊尼阿斯·西尔维乌·皮克罗米尼（Aeneas Silvius Piccolomini）当选为教宗庇护二世，他为家乡兴建了很多优雅的建筑，你很容易认出这些建筑，因为上面都带有教皇的新月家族徽章。相较之下，佛罗伦萨至今还从未诞生过任何一位教皇，只有那位"伪教皇"约翰二十三世被他们奉为座上宾（此时罗马还有一位正宗教皇），还委托多纳泰罗在佛罗伦萨洗礼堂给他建造了豪华陵寝。

导游一般不愿意多谈锡耶纳的当前时事，不过如果你请他喝杯葡萄酒，再来一点当地传统美食胡椒面包，他或许不介意透露一二。实际上锡耶纳有很多值得一提的好事，豪华宫殿拔地而起,帕斯基山银行(Monte dei Paschi,成立于1472年)发展蒸蒸日上。锡耶纳的大学是润泽人文主义研究的沃土,这里的人文主义甚至启迪了佛罗伦萨人。最近这里还新开办了一家印刷厂。

　　与此同时,有些事情确实令锡耶纳人忧心忡忡,羊毛贸易和银行业在急剧衰退,潘多尔福·潘道菲尼(Pandolfo Pandolfini)领导的新政府尚立足未稳,被赶下台的上一任政府正与佛罗伦萨暗通款曲。锡耶纳人非常担心洛伦佐会出手干预,因为他最喜欢挑起当地不同派系的内斗,确保这座城市无法对佛罗伦萨构成威胁。但是锡耶纳人保卫城市独立的意志异常坚定,时刻枕戈待旦防范这个北方邻邦(这显然不无道理)。如果导游知道你刚到过佛罗伦萨,他肯定不愿意再谈锡耶纳的情况,毫无疑问他会跟你介绍令所有锡耶纳人都为之疯狂的帕里奥(Palio)赛马活动。

圣母崇拜

> *我以最悲惨、最不忠的有罪之身,在此将整个锡耶纳的所有财富、武装和领地全都敬献给您,将象征这一切的城市锁钥呈奉在祭坛。*
> ——在蒙塔佩尔蒂战役前,锡耶纳政府首脑布奥纳古伊达·卢卡利(Buonaguida Lucari)颈缠缰绳,赤裸双脚前往锡耶纳大教堂,保罗·迪·托马素·蒙陶里(Paolo di Tommaso Montauri)记录下了他的祷告

蒙塔佩尔蒂战役的光辉胜利极大激发了锡耶纳人对圣母的尊崇，城中随处可见圣母画像，特别是最危急时刻抵御外敌入侵的卡莫利亚城门（Porta Camollia）和罗马门（Porta Romana），更是摆满了她的圣像。

锡耶纳大教堂是这座城市给圣母的献礼，8月16日圣母升天节是锡耶纳最重要的公共庆典。在节日前夜，政府执政官们在市政厅设宴款待各个领地的代表，第二天一早，他们身着最华贵的长袍前往锡耶纳大教堂巡游，那些被锡耶纳征服的城堡领主跟随其中。游行队伍中都带着敬奉给天堂圣母的蜡烛，最大的重达45公斤。节日期间，所有商店都会闭门歇业，全城人都在尽享宴会美食、观赏骑马比武和赛马活动。在持续三天的节日里，每个人都喜气洋洋容光焕发，仆人们穿上了新制服。在这快乐的日子里，女士也获准在公开场合穿着优雅而昂贵的丝绸外衣和天鹅绒长裙。

跟佛罗伦萨一样，锡耶纳政府努力遏制民众在珠宝华服方面挥霍无度的风气。当地人仍然记得巴蒂斯塔·佩特鲁齐（Battista Petrucci）的惊人

蒙塔佩尔蒂之战

1260年9月4日，一个彪炳史册的重要日子。面对宿敌佛罗伦萨，锡耶纳军队以少胜多，取得了蒙塔佩尔蒂之战的光荣胜利。

战斗前夜，一道巨光照亮锡耶纳营地，士兵们虔诚地相信圣母用自己的斗篷覆盖了军营，将他们纳入庇护之下。黎明时分，满怀信念的锡耶纳士兵奋勇冲锋，彻底击溃了佛罗伦萨军队。

最终，锡耶纳人缴获了一辆载满金币的大车（这是佛罗伦萨人付给雇佣兵的佣金），俘虏了几天前还趾高气扬劝降的傲慢佛罗伦萨大使，命令他倒骑着驴子走在胜利回城队伍的最前面。

之举。1452年神圣罗马帝国皇帝弗雷德里克三世携未婚妻葡萄牙公主列昂诺拉（Leonaora of Portugal）访问锡耶纳时，国王对巴蒂斯塔优雅的拉丁文朗读技巧印象深刻，他答应这位女士提出的任何要求。巴蒂斯塔借此向国王提出废除所有着装禁令的请求，这可着实让弗雷德里克三世费了一番工夫来说服当地政府。

田园广场

> 田园广场不仅是意大利最美的广场之一，在整个基督王国都享有盛名，不仅有精致可爱的喷泉，广场周围的建筑同样富丽堂皇。
> ——1347年某位编年史作家的评论

来到锡耶纳首先要参观的当然是田园广场，它毫无疑问是这座小城最美丽的景点。田园广场位于锡耶纳三山的交会处，中央坐落着市政厅。这座城市主广场好像一块大贝壳或是扇子的形状，当地人写下很多深情诗篇歌颂她的美丽。广场倾斜向下，焦点汇聚到欢乐喷泉（Fonte Gaia），本世纪初雅各布·德拉·奎尔恰打造了这座惊艳世人的雕塑杰作。

每天清晨田园广场会举办市集，你会见到锡耶纳人在这里采买蔬果，如果想购买牲畜需要前往布润达喷泉（Fonte Branda）旁的市集。在重要的宗教活动时，你或许可以见到某个著名传道士在市政厅外的平台上布道，这项传统起源于圣伯纳丁，他在这里布道时总是人山人海，身后市政厅上装饰着象征神圣基督

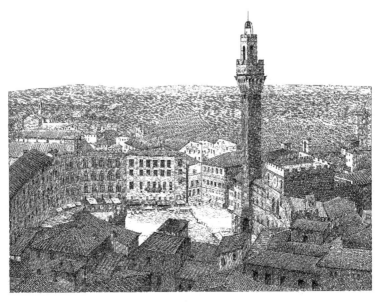

田园广场,细长的曼吉亚(Mangia)钟楼挺立在市政厅之上

的"IHS"(希腊文耶稣圣名前三个字母 Iesus Hagiator Soter 的缩写。——译者注)图案,场面恢宏圣洁。

　　田园广场是公共庆典的举办场所,也会在这里为外国政要举办盛大的欢迎仪式。1467 年,米兰公爵的女儿伊波利塔·玛丽亚·斯福尔扎(Ippolita Maria Sforza)在一千多名仪仗队员的护送下与卡拉布里亚公爵(Duke of Calabria)完婚,途中曾驻跸锡耶纳。在市政厅前举办的欢迎舞会上,一群少女从欢乐喷泉金光闪闪的母狼雕像后迤逦而出,她们一边跳舞一边唱着不愿当修女的小调,引得阵阵喝彩。自从九人议会在抹大拿的圣玛丽亚节当天重新执政后,人们也在这天举办典礼欢乐庆祝。政府颁布法令、处决罪犯也会选择在田园广场进行；如果市民们不满政府所为，自然也会选择这里发动骚乱或抗争。

市政厅

> 我看到商人们忙着买卖生意，人们欢乐起舞，屋舍被修葺一新；我看到工人们在葡萄园里忙碌，或在田野里播种，人们骑着马儿沿山而下到河里畅游；我看到去参加婚礼的少女和连绵的羊群。但我也看到有人被吊上绞刑架，以正义的名义判刑。得益于此，一切生命始得安定和谐相处。
> ——圣伯纳丁布道时描述安布罗吉奥·洛伦泽蒂在锡耶纳市政厅和平厅创作的壁画

市政厅建造于13世纪中期至14世纪锡耶纳最为辉煌的时代，市政厅正立面装饰着尖拱和细长的立柱，展现出向内微凹的优雅弧度，锡耶纳人刚刚着手建造这座宫殿时，宫殿模型就被广为模仿。曼吉亚钟楼高耸在市政厅上方，钟声规范着城市的生活秩序。钟每天响四次，黎明的钟声表示前夜宵禁结束，城门缓缓开启；当中午钟声响起，人们陆陆续续开始用餐，从忙碌的工作中抽身短暂歇息；傍晚还会鸣钟一次；三小时后钟声最后一次鸣响，代表着夜晚宵禁又将开始。发生战争或内乱，以及节日庆典期间，曼吉亚钟楼也会鸣响钟声。这座钟楼建造于1348年，当时"黑死病"骤然席卷整个锡耶纳，夺走了城中一半人的生命，只有那些从死神手中侥幸躲过的人才有机会登上这座高塔，俯瞰锡耶纳美丽的田野画卷。而这座塔楼的名字则是源于第一位敲钟人的绰号"坐吃山空家"（mangiaguadagni，字面意思是寅吃卯粮），这个人是出了名的败家子。

市政厅内部是锡耶纳的著名胜地之一，结构设计合理，政府和城市财政金库都位于这里。如果之前你对锡耶纳画家还有所怀疑，当置身这里时，一切质疑都将烟消云散。在市政厅二层，议会大厅以及之前军械库所在地和平厅是最重要的两个房间。在市政厅落成不久的上世纪初，锡耶纳画家就在这两个房间的墙壁上创作了大量意蕴丰富的壁画。这些壁画突出强调一个基本理念：政府和市民各守其位、各司其职，一切都会处于和谐美好的状况，反之则会陷入一片混乱，作恶者理应因此受到惩罚。

安布罗吉奥·洛伦泽蒂曾为议会大厅绘制了一幅旋转的世界地图，因此这里也被称作地图大厅。西蒙·马丁尼也在这里创作了两幅大型壁画，其中一面墙上是著名的《陛下》（Maestà），描绘了天堂圣母玛利亚的形象，这也是锡耶纳人最喜爱的创作主题。圣母优雅地端坐画面中央，两旁是手持华盖恭立的圣徒，身边环绕着天使，她的宝

三 山

锡耶纳的政制受其地理位置影响颇深，这座城市地处西塔山（Terzo di Citta）、卡莫利亚山（Terzo di Camoilia）、圣马蒂诺山（Terzo di San Martino）三条山脊交会处，因此城市基本按此三部分划分，政府组成也都是三的倍数。

锡耶纳军队出征时也相应分为三大军团，每个军团穿着代表本城区颜色的衣服，绿色代表西塔，黑白色代表卡莫利亚，而红色代表圣马蒂诺。

十 环游托斯卡纳

西蒙·马丁尼创作的大型壁画，将领圭多里齐奥·达·福利亚诺正骑马行进在锡耶纳辽阔的原野上

座下方有一行文字，告诫执政者善治善御。对面墙上的壁画更引人注目，描绘了著名雇佣兵首领、锡耶纳军队指挥官圭多里齐奥·达·福利亚诺（Guidoriccio da Fogliano）骑马指挥围攻蒙特马西（Montemassi）的场景。

议会大厅旁边就是和平厅，是政府举行会议的地方。九人议会委托安布罗吉奥·洛伦泽蒂在两侧墙上创作了对比鲜明的巨幅壁画《和平与战争》（*Peace and War*）。在《和平》（*Peace*）组图中，画家描绘了一位庄严睿智的长者身穿锡耶纳传统黑白两色服装坐在画面中央，两侧是众美德女神，和平女神身着白色薄绸慵懒而卧，正义女神则手持天平威严地坐在宝座上。另一幅画展示了锡耶纳城和谐兴盛的景象，城外金黄色的田地里农民们喜获丰收，贵族则正出城去狩猎野猪。而对面的《战争》（*War*）组图刻画了地狱领主路西法的形象，身边魔鬼环绕，身后骚乱四起，到处都是倾塌燃烧的房屋，士兵们肆意杀戮淫虐，乡村贫瘠的土地毫无生机火光连天。

大教堂和洗礼堂

> 在新画作被迁往大教堂这一天，所有商店都关门停业，大主教亲自率领牧师、教士组成庞大而虔诚的队伍进行庄重巡游，九人议会、其他政府官员和全城民众都去参加护送。城中显要手持蜡烛，手牵着手簇拥在画作周围缓缓前行，他们后面跟着满怀虔诚的妇女儿童。人们护送圣像绕着田园广场游行，而后将其供奉至大教堂。按照惯例，城中响起祝福的钟声，表达对庄重圣像无比的敬爱……
>
> ——*1311 年，某位匿名编年史学者记录了杜乔的祭坛画《庄严圣母》被放置在大教堂的场景*

　　锡耶纳人对他们的大教堂极其热爱和眷顾，这里供奉着很多珍贵的神圣遗物，比如圣母面纱、圣伯纳丁的牙齿，最弥足珍贵的当数施洗约翰的手臂。施洗约翰作为佛罗伦萨的守护者，你可以想象佛罗伦萨人会是多么渴望得到这件神圣遗物，但是1464年教皇庇护二世将它赐予了锡耶纳。

　　大教堂高大的祭坛上摆放着杜乔的代表作《庄严圣母》，这幅祭坛画是有史以来最重要也是最美丽的圣母天后画像。这幅画作分为正反两面，朝向信众的主面板展示了圣母玛利亚生平场景，锡耶纳的四位守护者围绕在她身边替民众祷告，另一面描绘了耶稣生平场景。

　　大教堂的讲经坛令人惊叹，这是蒙塔佩尔蒂战役胜利后尼古拉·皮萨诺创作的一件工艺精美的雕塑杰作，他的儿子乔瓦尼制作了结构复杂而造型华美的外立面浮雕。虽然多纳泰罗在这里有一些杰作，但整体而言很少有锡耶纳以外的艺术家在这里接到建筑设计委托，多纳泰罗最出名的作品是洗礼堂圣洗池的浮雕（位于大教堂最东侧的正下方），但圣洗池重要的大理石正门设计就没有这位大师的份，反而委托给了当地某个叫乔瓦尼·图利尼（Giovanni Turini）的不知名金匠。

令锡耶纳大教堂蜚声海外的另一件杰作是精美绝伦的地面镶嵌画，目前工程正在紧张进行之中。这项创意出自工程监理阿尔贝托·阿林吉耶（Alberto Aringhieri），他现在正忙着联络最杰出的锡耶纳画家，委托他们设计步道的各个区域，随后石匠们用大理石将画家们的杰作仔细镶嵌到地面上。如果你愿意给管堂一两枚硬币，或许就可以亲眼观看石匠们精工细作的场面，感受一下这些镶嵌地板画的华美。工程委员会想尽一切办法激励顶尖工匠和艺术家，甚至为他们专门供应点心饮料，"不能让他们一天埋头干活，连水都喝不上"，还有一个因通奸罪被赶出锡耶纳的石匠，如今也被允许回来加入这一工程。

锡耶纳人在本世纪初曾犯下一个代价沉重的错误，他们执意希望超越佛罗伦萨，因此决定建造一座新的规模更宏伟的大教堂。然而工程刚刚起步就遭遇主要结构设计问题，并且陷入巨大财政困境，再加上"黑死病"肆虐而来，这个雄心勃勃的计划彻底流产。你现在还可以看到右侧耳室上方烂尾的尖拱，仿佛一条断臂落寞指向苍穹。

圣玛利亚阶梯医院(The Hospital of Santa Maria Della Scala)

圣玛利亚阶梯医院位于锡耶纳大教堂正对面,得名于正面直通大门的一段长阶梯。这是一个至少有五百年历史的古老机构,最初用于接待法兰契杰纳大道往来于法兰西和罗马的朝圣者。医院有一组有趣的壁画,讲述了医院创始人、鞋匠索罗尔的传奇故事。他的母亲梦到在这里有一个直通天堂的阶梯,孩子们沿着梯子爬进了圣母怀抱。圣玛利亚阶梯医院确实非常值得前来一游,当然最好不要因罹患疾病的缘故前来。

这么多年来圣玛利亚阶梯医院收到了病人不计其数的赠礼,成为这一地区最富有的机构之一,产业和分支遍布整个锡耶纳共和国(其至在佛罗伦萨也设有一个办事机构),医院还从遥远的康斯坦丁堡等地购买了珍贵遗存,包括圣母的一截腰带和她的面

圣玛利亚阶梯医院尽心养育那些孤儿,巴托罗的画作描绘了孤儿被接收、教育和举办婚嫁的场景

纱，因此这里也致力于尊崇圣母的各种活动。真福者乔瓦尼·格伦比尼（The Blessed Giovanni Colombini）就是这座医院的受益者，他原本是一名富裕的商人和银行家，后来将自己的大部分财产都敬献给了医院，并成为杰苏阿蒂教派（Order of the Gesuati）创始人。为此他的妻子抱怨不已，乔瓦尼说"是你一直让我多发善心的"，而他老婆则尖酸回应道"我只求献上涓滴雨露，可没想让你捐个盆干碗净"。

耶稣在受难十字架上留下的圣钉是这座医院最珍贵的神圣遗存，现在被供奉在圣钉礼拜堂，这里并不对外开放，很难有机会见到。你可以参观朝圣者大厅，五十年前本地艺术家多梅尼科·迪·巴托罗（Domenico di Bartolo）在这里创作了精彩的壁画，展示了这座医院的日常工作：接济穷人食物、抚育弃婴和照顾病患和施舍救济品。

帕里奥赛马节和其他节日

没有看过赛马，就不算到过锡耶纳。

——锡耶纳谚语

锡耶纳的节日以激情洋溢而远近闻名，准备好加入吧。大多数节日活动都在田园广场举办，原先这里流行一种叫作艾尔莫拉（Elmora）的模拟战斗游戏，现在被一种叫作帕格纳（Pugna）的合法打斗活动取代。孩子们挥舞着假剑，乐此不疲地玩着"乔尔贾尼"（Giorgiani）战斗游戏，这一游戏源于圣乔治节庆典活动

"乔尔噶尼"（Giuochi Giorgani），当地人认为这位圣徒在蒙塔佩尔蒂战役中帮助了锡耶纳。

帕龙（Pallone）是一种非常激动人心的暴力足球比赛，连到访的教皇格列高利十二世都按捺不住坚持亲自上场，这可吓坏了他的随从。最近新流行的斗牛赛也吸引了大量观众，各街区代表衣装精致，在木头动物模型后躲闪腾挪，尝试寻找机会击杀场上的公牛。

没有任何活动可以如同帕里奥赛马一样扣人心弦，帕里奥赛马一般在圣母升天节举办，但锡耶纳人极其热爱这项活动，但凡找个由头他们就会赛马。这些赛马穿越城市并没有固定路线，在通往大教堂广场的各条道路上都有骑手疾驰狂奔。

赛马正式开始前，身穿各色服装的彩旗手、掌旗官、号手、鼓手热热闹闹地巡游。市民把大街小巷挤得水泄不通，他们情绪高涨，纷纷下注参赛选手。常有人收买对方选手

街 区

锡耶纳原本有59个街区，这些街区会提供军队共同守卫城市，每个街区的战车两侧都绘有本区标志。锡耶纳士兵宁肯牺牲性命也不愿目睹自家战车落入敌人手中，和平时期这些战车前也有燃烧不熄的烽火。

如今全城划分为17个街区，各个街区都会经常举办各种庆祝活动——洗礼、婚嫁、丧殡、节日庆典等都是很好的由头，但最重要的庆祝活动莫过于赢得帕里奥赛马活动胜利，在赛马活动中每个城区都会派出一匹骏马参赛。现在的街区分别代表锡耶纳的17种美德，比如黑豹象征勇敢，长颈鹿代表优雅，蜗牛象征谨慎。有的街区以毛毛虫、蜗牛和乌龟命名，这颇为有趣，很难想象这三种动物一起参加竞速比赛。你可不要肆意取笑，当地人可是对赛马活动相当严肃认真的。

故意输掉比赛（还常能办成），比赛结束后你很可能会看到落败选手被愤怒的人群追打场面。这些骑士其实都是粗鲁暴力的一丘之貉，他们在比赛中丝毫不讲规则，最喜欢干的事就是将对手鞭打下马。赛马活动的奖品是一条丝绸或花缎大披肩，上面缀有柔软的松鼠皮毛。

戈斯坦佐·兰杜奇（Gostanzo Landucci）是近来最出名的骑士，他和坐骑"飞龙"（Dragon）赢得了一系列帕里奥赛马活动。这是一个很有个性的家伙，有一次他在终点跃马而下爬到终点柱上，结果被取消了比赛资格。这个家伙还非常输不起，他认为自己击败了洛伦佐的骑士却不得不认输，因此大发牢骚（那些在任何领域试图击败洛伦佐亲信的家伙不是胆大妄为就是愚蠢至极）。不过兰杜奇倒是有精明商人的头脑，他曾将自己的赛马以40弗罗林的价格卖给阿雷佐的骑士，随后又在当地比赛中把马赢了回来。

皮恩扎

> 萨吉诺（Sacchino）被驴子甩到地上后，这头常胜毛驴独自率先冲过终点。第二名选手争辩说自己是和驴子一道冲过的终点，所以第一名应该属于他而不是被驴子甩下的萨吉诺。裁判官驳回这个诉求，因为活动奖励的是驴不是人。
>
> ——1462年圣马修节，教皇庇护二世举办的驴马比赛记录

1405 年，庇护二世在皮恩扎出生，他的名字是艾伊尼阿斯·西尔维乌·皮克罗米尼。1458 年教皇即位后对这个小镇亲自进行了规划，才形成今天的城市格局。才华横溢的建筑师贝尔纳多·罗塞利诺（Bernardo Rossellino），以城镇小广场为中心设计建造了一系列漂亮的宫殿，但身为佛罗伦萨人，不得不面对当地人关于他欺诈、无能、奢侈之类的偏见指控。皮克罗米尼宫是罗塞利诺最优秀的建筑作品，这座宫殿建有精致的三层凉廊，环绕着中庭花园，远处是庇护二世非常喜欢的阿米亚塔山（Monte Amiata），令那些随从感到不可思议的是教皇还会经常到山间栗树林野餐。

为了拉近与庇护二世的关系，野心勃勃的西班牙主教罗德里哥·博尔贾（Rodrigo Borgia）也在这里的小广场建造了一座宫殿。这位长袖善舞的主教近来正在罗马拓展事业版图，鲜少来此地。他还因精力充沛的感情生活出名，至少育有七个私生子女。

在锡耶纳西南坐落着美丽的圣加尔加诺熙笃会修道院，骑马一天时间即可抵达。在这里你可以看到一个插着剑的石头，相传是 12 世纪圣加尔加诺将佩剑插入其中。英国游客或许会觉得这是亚瑟王传说的托斯卡纳版本，有一些人还试图通过拔出这把剑而成为国王，或许残暴的佣兵队长约翰·霍克伍德爵士就做过这事，这个胆大妄为的家伙当然也没有放过劫掠旁边的修道院的机会。

离开美丽的托斯卡纳前，让山城蒙塔奇诺（Montalcino）作为你旅途的终点吧。这是一座坐落于锡耶纳共和国南部边界的小镇，紧邻卡西亚大道。你可以在城镇广场享受一顿美美的午餐，再来一杯上好的当地葡萄酒，静静欣赏托斯卡纳温柔而辽阔的景色。

这是多么迷人的土地啊，孕育了如此之多才华横溢、天赋出众的优秀儿女，他们的辉煌成就已在整个欧洲广为流传。

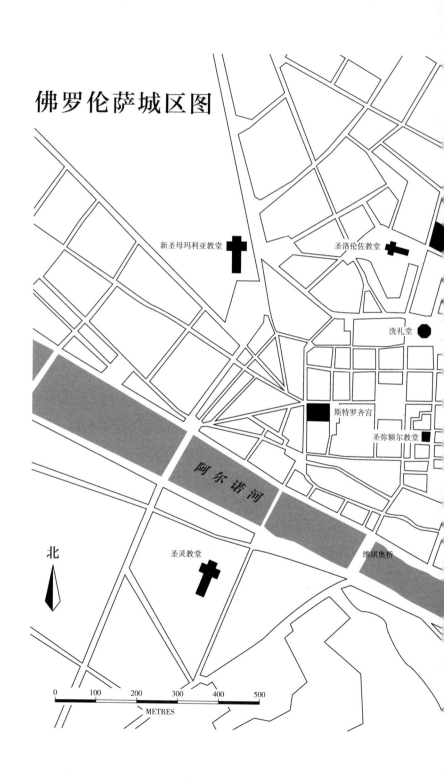

作者手记

这本游记指南展示的是佛罗伦萨1490年的人情风貌,我尽量使所有内容符合那一年应该有的面貌,当然关于米开朗基罗和萨伏那洛拉的一些注释,瓦萨里(Vasari)的引文和部分插图不包括在内。在此,我想感谢伊芙·博苏克(Eve Borsook)和罗纳德·莱特鲍恩(Ronald Lightbown)就本书主题分享的真知灼见,感谢弗朗西斯·罗素(Francis Russell)和雨果·查普曼(Hugo Chapman)关于插图的建议。此外,还要感谢泰晤士河和哈德逊出版社所有人的帮助。

最后,我想把这本书献给沉醉在15世纪佛罗伦萨灿烂画卷中的简(Jane)。

参考资料

Numbers in brackets refer to the page in this book upon which the quotation appears.

H. Acton and E. Chaney, *Florence: A Traveller's Companion*, London, 1986 (8, 19, 56, 60, 62, 64); Dante Alighieri, *The Divine Comedy*, 3 vols (trans. J. D. Sinclair), New York, 1999 (9); *Art and Love in Renaissance Italy* (exh. cat.), New York, Metropolitan Museum, 2008 (14, 15); E. Borsook, *Companion Guide to Florence*, London, 1988 (42, 43); G. Brucker, *Renaissance Florence*, New York, 1969 (20, 27, 53, 78, 82, 109); K. Clark, *Leonardo da Vinci*, London, 1976 (49); C. Collier Frick, *Dressing Renaissance Florence*, Baltimore, 2002 (102); W. Connell, *Society and Individual in Renaissance Florence*, Berkeley, Calif., 2002 (57); R. Crum and J. Paoletti, *Renaissance Florence: A Social History*, New York, 2006 (24, 53, 83, 85, 109); J. Gage, *Life in Italy in the Times of the Medici*, London, 1968 (15, 19, 20, 44, 57, 67, 72, 86, 88, 136); F. Guicciardini, *The History of Florence* (trans. M. Domandi), New York, 1970 (45); J. R. Hale, *Florence and the Medici*, London, 1977 (47); C. Hibbert, *Florence: Biography of a City*, London, 1993 (70, 98, 102); J. Hook, *Lorenzo de' Medici*, London, 1984 (110, 124); J. Hook, *Siena: A City and its History*, London, 1979 (130, 131, 133); M. Levey, *Florence: A Portrait*, London, 1996 (6, 53); J. Lucas-Dubreton, *Daily Life in Florence* (trans. A. Lytton Sells), London, 1960 (100); N. Machiavelli, *The History of Florence* (ed. H. Morley), London, 1891; M. McCarthy, *Stones of Florence*, New York, 1959 (54); C. L. Mee, *Daily Life in the Renaissance*, New York, 1975 (17, 35, 77); J. M. Musacchio, *Art and Ritual of Childbirth in Renaissance Italy*, New Haven, 1999 (17); *Renaissance Siena: Art for a City* (exh. cat.), London, National Gallery, 2007–2008 (127); M. Rocke, *Forbidden Friendships: Homosexuality and Male Culture in Renaissance Florence*, New York, 1996 (33); A. Strozzi, *Selected Writings of Alessandra Strozzi* (trans. H. Gregory), Berkeley, 1997; M. J. Unger, *Magnifico: The Brilliant Life and Violent Times of Lorenzo de' Medici*, London, 2008 (45, 53, 75, 98, 109–10, 121); G. Vasari, *Lives of the Painters, Sculptors and Architects* (trans. J. Conaway Bondanella and P. Bondanella), Oxford, 1991 (56); *At Home in Renaissance Italy* (exh. cat.), London, Victoria & Albert Museum, 2006–2007 (11, 18); R. Weissman, *Ritual Brotherhood in Renaissance Florence*, New York, 1982 (87)